Bernhard Liss

Krise – Scheidung – Neubeginn

Bernhard Liss

Krise Scheidung Neubeginn

Pastorale Erfahrungen
in einer menschenfreundlichen Kirche

echter

CIP-Titelaufnahme der Deutschen Bibliothek

Liss, Bernhard:
Krise – Scheidung – Neubeginn : pastorale Erfahrungen in einer menschenfreundlichen Kirche / Bernhard Liss. – Würzburg : Echter, 1990
ISBN 3-429-01301-1

Mitglied der Verlagsgruppe »engagement«

Umschlag: Ernst Loew
Gesamtherstellung: Echter Würzburg
Fränkische Gesellschaftsdruckerei und Verlag GmbH
ISBN 3-429-01301-1

Inhalt

Vorwort

In den kirchlichen Diskussionen der letzten Jahrzehnte ist das Problem der wiederverheirateten Geschiedenen ein Dauerbrenner unter den sogenannten heißen Eisen. Weil man sich die Finger nicht verbrennen will, greift man das Thema nicht auf. Diese Tabuisierung führt zu einer Unsicherheit bei Seelsorgern und Gläubigen. Sie drückt sich einerseits in bitterer Resignation aus, andererseits bringt sie aber Selbsthilfepraktiken hervor, die vom Gefühl begleitet sind, in dieser Kirche müsse man sich auf eigene Faust gegen die geltende Ordnung durchsetzen.

Dort, wo das Tabu gebrochen wird und in pastoraler Verantwortung eine offene Diskussion über die wiederverheirateten Geschiedenen in der Kirche beginnt, zeigen sich die vielen Möglichkeiten, die innerhalb der geltenden Rechtsordnung für die Seelsorge offenstehen. Es gibt so viel Arbeit, daß die verschiedenen Ausreden, mit denen man sich vor dem Thema drückt, nicht mehr zu rechtfertigen sind.

In den folgenden Kapiteln lege ich pastorale Erfahrungen vor, die vielen Christen das Gefühl gegeben haben, in einer menschenfreundlichen Kirche zu leben. Ich habe den Stoff so geordnet, daß aufgeschlossene Gemeinden genügend Anregungen finden können, um selbst ähnliche Wege zu beschreiten. Damit ist auch schon gesagt, daß dieses Buch für die pastorale Praxis geschrieben ist, für Seelsorger und Laien, die sich im kirchlichen Leben engagieren. Die theoretischen Auseinandersetzungen für Experten, die in der Fachliteratur zu finden sind, wurden bewußt weggelassen; ebenso Wünsche an die Leitung der Kirche im Hinblick auf eine Weiterentwicklung, zum Beispiel bei einer Orientierung an der Praxis der Ostkirche. Aufgenommen wurden nur die einfachen Argumentationslinien, die auch in der Bildungsarbeit zu vermitteln sind, damit gläubige Katholiken erkennen können, daß eine menschliche Geschiedenenpastoral dem Geist des Evangeliums entspricht und die Solidarität mit der Gesamtkirche beachtet.

Dr. Bernhard Liss

1. BEZIEHUNGEN SOLLEN GELINGEN

Obwohl es in diesem Buch in erster Linie um Menschen geht, die in Krisen stehen oder die mit dem Scheitern von tiefgehenden Hoffnungen fertig werden müssen, paßt als Überschrift für das Einleitungskapitel der positive Imperativ. Auch dort, wo sich das Leben nicht wunschgemäß entwickelt, gilt es ja, die wesentlichen Werte zu sehen und nach Möglichkeit zu verwirklichen.

Beziehung und Glaube

Für Christen handelt es sich beim Gelingen von Beziehungen noch dazu um etwas Vorrangiges. Spielt doch die Beziehung in der Glaubensgeschichte eine entscheidende Rolle. Jahwe bietet seinem Volk einen Bund an; er tritt also in eine persönliche Beziehung zu Israel; die Vergleiche aus der Ehe für die Begegnung Gottes mit seinem Volk sind kein Zufall. Und der unüberbietbare Höhepunkt dieser personalen Nähe zwischen Gott und Mensch wird in der Menschwerdung Gottes erreicht. Daß damit wirklich die Beziehung zwischen Menschen gemeint ist, zeigt Jesus mit der Verheißung: »Wo zwei oder drei in meinem Namen versammelt sind, da bin ich mitten unter ihnen.« Fast noch unmittelbarer trifft uns die Feststellung: »Was ihr für einen meiner geringsten Brüder getan habt, das habt ihr mir getan.« Daß es bei der Begegnung mit einem Menschen, der mich braucht, letztlich um mein Verhältnis zu Gott geht und daß sich in solchen Begegnungen meine Ewigkeit entscheidet, gehört zum Grundgehalt christlicher Lebensauffassung.

Nicht so selbstverständlich ist die Anwendung auf jede Liebesbeziehung. Aber wo ist denn ein Mensch dem anderen gegenüber derart bedürftig wie in der Gemeinsamkeit von Mann und Frau? Wenn das Gefühl der Liebe zwei Partner zusammengeführt hat, brauchen sie einander unentwegt. Und wie sie damit umgehen, ist aus der Sicht des Glaubens von entscheidender Bedeutung.

Partnerbeziehungen in der christlichen Gemeinde

Diese Erkenntnis hat ernste Konsequenzen für das Leben in einer christlichen Gemeinde: Es gehört zu ihren Hauptaufgaben, beim Gelingen menschlicher Beziehungen mitzuhelfen. Einen wichtigen Platz nehmen dabei die Partnerschaften von Mann und Frau ein. Sie zu stützen, damit sie sich zum gegenseitigen Wohl entfalten können, ist in der Regel immer richtig. Ob das Urteilen über die Umstände einer solchen Beziehung zu den Aufgaben eines Christen gehört, ist demgegenüber gar nicht so sicher.
Damit sollte klar sein, in welche Richtung pastorale Bemühungen in erster Linie zu gehen haben. Natürlich ist alles zu tun, damit sich die Hoffnungen eines Paares, das den »normalen« Weg zur Ehe geht, erfüllen können. Wenn aber zwei Partner in der Gemeinde leben, die einander erst nach gescheiterten Beziehungen gefunden haben, dürfen sie nicht schlechter behandelt werden. Wer kann schon wissen, in welcher Weise Gottes Geist durch ihr Leben weht? Mancher Seelsorger, der zunächst gemeint hat, mit den Normen des Kirchenrechts das Wirken Gottes in jeder Situation beurteilen zu können, wurde später von Zweifeln geplagt, wenn er die Entwicklung einer Beziehung über längere Jahre beobachten durfte. Wir haben Gott nicht »in der Tasche« und können uns nicht einfach seiner bedienen, um mit letzter

Klarheit sagen zu können, welcher Weg für einen Menschen in einer bestimmten Situation richtig ist. Dagegen ist die Ehrfurcht vor jeder menschlichen Liebe immer am Platz. Darüber kann es keinen Zweifel geben.

Wie Beziehungen gelingen können

Damit der Appell, beim Gelingen von Beziehungen mitzuhelfen, nicht im unverbindlich Theoretischen bleibt, sollen im folgenden die vier wichtigsten Elemente genannt und erläutert werden, die es hierbei zu beachten gilt.
An die erste Stelle gehört die *verständliche Kommunikation.* Sie fordert eine Art von Gespräch, in dem die Partner möglichst viel so verstehen, wie es gemeint ist. Aber nicht nur das. Auch die wortlose Verständigung spielt eine große Rolle. Im Zweifelsfall sind jedoch Mienen, Blicke, Gesten usw. auf die Deutung durch das Wort angewiesen. Verständliche Kommunikation kann gelernt, verbessert, eingeübt werden. Partner, die zu Gruppen gehören, in denen klare Verständigung als wichtig angesehen wird, können für ihr persönliches Leben durch den Umgang mit den anderen viel lernen.
Das zweite Element betrifft *die Andersartigkeit des Partners,* die es zu *akzeptieren* gilt. Theoretisch handelt es sich dabei um eine Selbstverständlichkeit. Man merkt ja im Alltag gar nicht, wie sehr alles an den eigenen Meinungen, Empfindungen, Gewohnheiten, Idealen usw. gemessen wird. Das gilt für die großen, erhabenen Werte des Lebens, wird aber vielleicht eher durchschaubar bei den fast lächerlichen Kleinigkeiten, zum Beispiel, wie man eine Zahnpastatube ausdrückt. Weil der einzelne Mensch in seiner Welt wie gefangen ist, braucht es Anstöße von außen, damit die Bedeutung dieses Elements für das Gelingen einer Beziehung entdeckt wird.

Drittens ist auf eine *angemessene Konfliktregelung* hinzuweisen. Gegenüber einem früher vorherrschenden Harmoniemodell wird heute verhältnismäßig oft schon von Konflikten als von normalen Begleiterscheinungen menschlichen Umgangs gesprochen. Das heißt aber noch nicht, daß damit im praktischen Leben ernst gemacht wird. Häufig sitzt die Angst vor dem Konflikt außerordentlich tief, weil besonders in einer Partnerbeziehung die Substanz der Liebe durch die Meinungsverschiedenheit oder durch entgegengesetzte Wünsche bedroht erscheint. Hier können manchmal andere Menschen durch ihr Beispiel zeigen, daß Konflikte geregelt werden können, ohne daß ein Partner dabei besiegt wird oder das Gesicht verliert oder daß die Zuneigung getrübt wird.
Viertens ist die *erotische Anziehungskraft* zu nennen, also jene Kraft des Gefühls, die unabhängig von jeder vernünftigen Überlegung zwei Partner zueinanderführt und bewirkt, daß sie ihre Nähe als beglückend erleben. Dieses wichtige Gefühl wird zwar oft als unreife Verliebtheit denunziert, es sollte aber für die Stabilität einer Beziehung nicht unterschätzt werden. Es kann wahrscheinlich nicht in der Weise gefördert werden wie die drei vorher genannten Elemente. Trotzdem braucht es ein wohlwollendes, erotikfreundliches Klima, um gedeihen zu können.

Alle Beziehungen verdienen Beachtung

In einer christlichen Gemeinde, in der die genannten Zusammenhänge für das Gelingen von Partnerschaft und die religiöse Bedeutung einer Beziehung erkannt werden, bemüht man sich um entsprechende Hilfestellungen. Das gilt für Jugendliche, die das Abc partnerschaftlichen Umgangs mit dem anderen Geschlecht ler-

nen müssen. Das gilt natürlich auch für junge Partner auf dem Weg zur Ehe und für die Begleitung von Paaren durch die verschiedenen Phasen des gemeinsamen Lebens. Hier ist nicht der Ort, dies näher auszuführen. (Konkrete Anregungen finden sich in: B. Liss, Wege der Familienpastoral, Würzburg 1987.) Es soll nur von den Ausführungen über Krisen und Scheidung klar gesagt sein, daß die Aktivität der Kirche zunächst herausgefordert ist, alles zu tun, damit möglichst viel von den Hoffnungen liebender Partner Erfüllung finden kann.
Nun darf aber auch nicht der Eindruck entstehen, Geschiedene bekämen daneben halt auch noch einen gewissen Platz in der christlichen Gemeinschaft, weil man barmherzig sein soll. Gerade in der Ehebegleitung erweisen sich die Erfahrungen von Partnern, die es nach einer Scheidung noch einmal gewagt haben, eine ernsthafte Bindung zu leben, als besonders wertvoll und bereichernd. Ihr Ja zur Ehe als Dauerbindung zählt vielleicht doppelt, weil es trotz tiefgehender Enttäuschungen in einer ersten Beziehung zustande gekommen ist. Dies ist ein Gesichtspunkt, der für viele katholische Christen neu ist. Sie sind auf die traditionelle Diskussion fixiert, die rein theoretisch geführt wird: Wenn einmal ein Ja für das ganze Leben gesprochen wurde, ist ein zweites Jawort zu Lebzeiten des Partners nicht möglich. Das stimmt natürlich – auf der theoretischen Ebene – und kann durch kein Argument widerlegt werden. Wer sich allerdings auf die Menschen einläßt und ihre konkreten Schicksale zu verstehen sucht, entdeckt unter Umständen eine Lebenswahrheit, die dem reinen Theoretiker verschlossen bleibt: Es kann neues, hoffnungsvolles Leben auch durch ein Scheitern hindurch entstehen; und es gibt Christen, die überzeugt sind, darin Gottes barmherziges Wirken zu erkennen.

2. IN JEDER KRISE LIEGT EINE CHANCE

In Gesprächen, bei denen es vorwiegend um die Bewältigung einer Scheidung ging, hat eine Frau auch über die Entwicklung nachgedacht, die sie hinter sich hatte. Dabei erinnerte sie sich im Zusammenhang mit der ersten ernsthaften Ehekrise an die Worte der Leiterin einer kirchlichen Frauengruppe, in der sie sich damals zu Hause fühlte: »Wenn du an Scheidung denkst, brauchst du dich hier gar nicht mehr sehen lassen.«

Verantwortliche in katholischen Organisationen hören so etwas nicht gern. Ein solches Verhalten widerspricht allen Grundsätzen, zu denen man sich heute bekennt. Wer aber ins konkrete Leben aufmerksam hineinhorcht, kann ähnliche Einstellungen immer wieder finden. Es soll nicht behauptet werden, daß sie kennzeichnend für kirchliche Gruppen seien. Es handelt sich aber auch nicht um seltene Ausnahmen.

Dabei kann häufig ein Unterschied zwischen theoretischer Diskussion und praktischem Verhalten beobachtet werden. Man ist grundsätzlich offen, konfliktfähig und tolerant. Im konkreten Fall jedoch ist alles anders. Da geht es nicht um die Tugenden, zu denen man sich bekennt; da wird vielmehr Vertrauen zerstört, Solidarität verraten, ein schlechtes Beispiel gegeben. So fällt der Widerspruch zwischen Prinzipien und Lebenswirklichkeit nicht auf.

Unrealistische Normvorstellungen

Die skizzierte Situation hat im katholischen Milieu Ursachen, die tief in der Vergangenheit verwurzelt sind.

Entsprechend dem Evangelium wurde ein Bild christlichen Lebens entworfen. Als höchstes Ideal galt dabei die mönchische Existenz. Davon wurden dann für andere Situationen die entsprechenden Abstriche gemacht. Für die Ehe kam dabei eine Normvorstellung heraus, die sich in einem Bilderbuch in romantischen Farben darstellen ließe; die Verbindung zur Wirklichkeit wurde beim Durchblättern nicht gesucht. Konkret finden sich die entsprechenden Szenen in alten Predigten über das harmonische Leben der Familie von Nazareth.
Es kann als tragisch bezeichnet werden, daß auf diese Weise ein lebensfremdes Ideal zum Inhalt kirchlicher Verkündigung über Ehe und Familie wurde. Die Gläubigen sind damit allerdings in einer offensichtlich schizophrenen Haltung fertiggeworden: In den erhabenen Stunden des Gottesdienstes hörte man gerührt die Geschichten des geweihten Gottesmannes; man war sich aber auch darüber klar, daß im Leben außerhalb der Kirchenmauern alles anders lief.
Damit hat sich die Kirche aber jede Möglichkeit genommen, Wege aus der Krise zu zeigen. Krisen durften ja nicht sein. Das theoretische Ideal hatte als Norm zu gelten. In den Moralbüchern galt dementsprechend das Gesetz »alles oder nichts«. Für die Sexualität zum Beispiel wurden lediglich die strengen Richtlinien für Eheleute und für Zölibatäre angeboten. Dazwischen gab es nur Sünde.

Die Angst vor der Krise

Wenn in der Kirche eine Entwicklung in Gang kommen soll, die den Menschen in seiner Realität akzeptiert, müssen einzelne Christen – Laien und Seelsorger – damit beginnen, ihre eigene Angst vor der Krise aushalten zu lernen. »Zu überwinden« wäre fürs erste wohl zuviel gesagt. Das könnte allzu leicht eine Verdrängung der Angst bewirken, wodurch sie nur noch gefährlicher würde. Wenn diese Angst gegeben ist, kann ich zunächst versuchen, sie anzuschauen. Damit verliert sie schon etwas von ihrer Bedrohlichkeit. Wenn ich dann noch dazu den Mut gewinne, mir das Schlimmste in der Phantasie auszumalen, kann es dazu kommen, daß sich die Angst auflöst; denn das Schlimmste ist ja gar nicht so schlimm, daß es nicht bewältigt werden könnte.

Natürlich ist das die äußerst kurze Beschreibung eines Prozesses, der normalerweise nicht so einfach abläuft. Meist braucht es auch Hilfe von außen, Ermutigung durch andere, um diesen Weg gehen zu können. Das wäre zum Beispiel eine Aufgabe von überschaubaren Gruppen in der Kirche, in denen sich alle kennen, wo persönliche Probleme besprochen werden können, die den einzelnen erfahren lassen, wie sich Leben aus dem Glauben anfühlt. Solche Gruppen – nebenbei bemerkt – werden in Zukunft die kirchlichen Gemeinden tragen, denn in ihnen kann – anders als in der anonymen Masse – erlebt werden, was Jesus seiner Kirche übergeben hat: eine lebendige Hoffnung, die auf gegenseitige Ermutigung angewiesen ist.

Wäre jene Frauengruppe, die eingangs erwähnt wurde, von Personen geprägt gewesen, die sich auf ihre Angst vor Krisen einlassen, hätte sich manches für die jetzt geschiedene Frau vielleicht anders entwickelt. Nicht daß Scheidung damit auf jeden Fall hätte vermieden werden können – derart vordergründige Versprechungen wären unseriös –, aber sie hätte eine Stütze gefunden, um aktuelle Probleme anzupacken. Und das ist in der Regel schon viel wert. Sich der eigenen Qualität und Kraft bewußt werden, bedeutet oft schon eine so große Herausforderung für den Partner, daß sich manches anders entwickelt.

Helfen ohne Aufdringlichkeit

Wenn hier einer Gruppe solcher Einfluß zugetraut wird, so muß auch eine wichtige Grenze gezogen werden: Sowohl Gespräche in der Gruppe als auch persönliche Gespräche, die eine Person aus der Gruppe anbietet, sind nur dann möglich, wenn der Betroffene damit einverstanden ist. Man kann nichts Gutes für einen Menschen gegen seinen Willen tun! Diese gesicherte Erfahrung sollten sich besonders missionarische und soziale Typen vor Augen halten. Jede Aufdringlichkeit zerstört Hilfsmöglichkeiten für später.

Oft besteht der wertvollste Dienst, der in einer Krise geleistet werden kann, darin, dem Betroffenen den Weg zu einem der vielen Beratungsdienste zu ebnen. Immer noch behindern psychische Barrieren die Inanspruchnahme der vorhandenen Hilfsmöglichkeiten. Nicht selten ist es einfach das Gefühl, so etwas sei doch nur für Leute, die ... ja, man kann es gar nicht ausdrücken; für solche, die anders sind als man selbst, jedenfalls »weiter unten«. Wer selbst zum Beispiel schon einmal eine qualifizierte Eheberatung in Anspruch genommen hat, wird auch anderen gegenüber in einer Weise davon reden, daß man diese Einrichtung als ganz normalen Service einer entwickelten Gesellschaft empfindet. Kurz gesagt: Beim Ebnen des Weges zur Beratung geht es in erster Linie darum, vorhandene Ängste zu erspüren und überwinden zu helfen.

Ein guter Gesprächspartner sein

Mit diesem Hinweis soll aber das persönliche Gespräch des Laien (im Gegensatz zum ausgebildeten Berater) nicht als überflüssig abqualifiziert werden, ganz im Gegenteil. Das Gespräch eines Freundes oder eines Seelsorgers kann entscheidend helfen. Dafür ließen sich viele Beispiele anführen. Es gibt allerdings genauso die Erfahrung, daß in der gut gemeinten Auseinandersetzung die Verwirrung des Betroffenen nur noch größer wird. Deshalb seien hier vier wichtige Regeln für ein solches Gespräch genannt.

1. Zuhören: Damit ist nicht nur das Stummsein gemeint, während der andere redet. Es geht um eine innere Haltung, die sich allerdings dem Sprecher mitteilt. Für die Bereitschaft eines Menschen, von sich zu reden, macht es einen großen Unterschied aus, ob der Zuhörer inneres Interesse an dem hat, was er hört, oder ob er seine eigenen Worte nur mühsam zurückhält und während des Schweigens schon eine Stellungnahme in Gedanken vorbereitet. Die Worte sind eben nur *ein* Kommunikationsmittel. Mindestens ebenso stark wirken jene Signale des Körpers, die das eigene Bewußtsein gar nicht wahrnimmt, die der Gesprächspartner allerdings fühlt. Das hier gemeinte Zuhören ist also in erster Linie eine innere Qualität, die darin besteht, den Sprechenden in den Mittelpunkt zu stellen, und zwar in der Bereitschaft, alles, was er von sich sagen möchte, möglichst so aufzunehmen, wie es gemeint ist. Dies wird einem um so eher möglich sein, je ehrlicher man darauf verzichtet, eine kluge Stellungnahme abgeben zu müssen. Wer so zuhört, gibt automatisch Signale des Interesses von sich, die den anderen ermutigen, fortzufahren.

2. Das vorherrschende Gefühl erfassen: Wenn es um Lebensfragen geht, ist immer der ganze Mensch beteiligt. Auch wenn eine Schilderung ganz nüchtern klingt, steckt hinter den dürren Worten das Gefühl. Schließlich entscheidet ja diese Seite unseres Seelenlebens, wie es uns geht. Und ein Verstandesmensch wird Persönliches nur dann auspacken, wenn es ihm schlecht geht. Für den Zuhörer gilt es nun, herauszuspüren, welches Gefühl seinen Gesprächspartner bewegt. Wenn es dann gelingt, mit diesem Gefühl mitzuschwingen, kann man es wagen, Worte dafür zu finden, einfach um auszudrücken: Ich fühle mit dir. Die unmittelbare Reaktion zeigt dann meistens, ob die Spur richtig ist. Wenn ja, gilt es dabei zu bleiben. Wenn nein, heißt es weiterzusuchen. Wer als Zuhörer die Gefühlslage des anderen erfaßt und sich mit dem eigenen Gefühl darauf einläßt, hilft mit, daß der Sprecher während des Redens immer mehr von seiner inneren Wirklichkeit entdeckt. Also nicht der Zuhörer muß als Ergebnis etwas formulieren, der Betroffene formuliert selber, weil ihm gut zugehört und sein Gefühl akzeptiert wird.

3. Verständnis ausdrücken: Wer stark intellektuell geprägt ist, kann bei Punkt 1 und 2 einige Widerstände in sich entdeckt haben. Trotzdem lohnt sich der Versuch, die Reihenfolge zu akzeptieren. Jetzt an dritter Stelle – in Wirklichkeit läuft es von Anfang an mit – ist es auch notwendig, die geschilderte Situation mit dem Verstand zu erfassen. Entscheidend dabei ist aber das »Verständnis«; also nicht eine distanzierte Art von Verstehen. Wer ein hilfreicher Gesprächspartner sein will, fragt sich also, ob er wirklich versteht, was er gehört hat, nämlich im Sinn von akzeptieren. Etwa so: Ich finde zwar in meinem Leben nichts Ähnliches; wenn ich mir aber lebendig vor Augen halte, was da alles passiert ist, kann ich mir gut vorstellen, daß du dich so verhalten hast. Nur dann ist es berechtigt, Verständnis auszudrücken. Ist der Satz »Das kann ich gut verstehen« eine bloße Formel, wird die Fortführung des Gesprächs darunter leiden.

4. Den Betroffenen ermutigen, seine eigenen Lösungsansätze zu reflektieren: Wer zu jemand anderem über persönliche Probleme spricht, hat selber schon vieles überlegt. Das kommt aber nicht so ohne weiteres heraus, weil ja das Gefühl der Unzulänglichkeit dominiert. Wenn eine Lösung möglich gewesen wäre, müßte man schließlich jetzt nicht darüber sprechen. Deshalb bedarf es einer gewissen Ermunterung, damit der Betroffene einiges von dem herausholt, was ihm schon durch den Kopf gegangen ist oder was er schon probiert hat. Dies ist aber wichtig, weil in der Regel auf der Linie dieser Ideen die richtigen nächsten Schritte gefunden werden können. Der Zuhörer hat dabei die wichtige Aufgabe, sich möglichst klar in die Realität zu versetzen und diese – vorsichtig – zu vertreten. Vorsichtig meint: so, daß der Betroffene entlang der Realität selber weitergehen kann; also nicht belehrend, zurechtweisend, besserwisserisch. Eine besondere Versuchung ist dann gegeben, wenn der Zuhörer schon durchschaut, in welcher Richtung Veränderungen möglich sind. Wenn er davon voreilig spricht – selbst wenn ihn der Betroffene darum bittet! –, demütigt er seinen Gesprächspartner und verbaut damit möglicherweise einen Erfolg des Gesprächs. Das Demütigende liegt darin, daß ein Mensch es nur schwer aushalten kann, selber durch lange Zeit ergebnislos um eine Lösung zu ringen, die ein anderer nach einer halben Stunde locker aus dem Ärmel schüttelt.

Erfahrungen weitergeben?

Die vier genannten Regeln erübrigen es eigentlich, eine wichtige Warnung auszusprechen. Weil es sich aber um den häufigsten Fehler handelt, sei sie doch formuliert: Vorsicht mit Lösungen aus der eigenen Erfahrung! Sie mögen in einer bestimmten Situation durchaus den richtigen Weg gezeigt haben. Wenn sie aber aus der Kiste der gesammelten Lebensweisheiten herausgekramt werden – als Empfehlung, sie nachzuahmen –, muß der Ratsuchende das Gefühl haben, nicht ernst genommen zu werden. Schließlich ist er ja ganz davon erfüllt, ein individuelles Schicksal zu erleiden. Da können fremde Erfahrungen nur wie billige Rezepte wirken, selbst wenn ihnen echte Lebenserfahrung zugrunde liegt. Manche Klienten in der Eheberatung atmen im ersten Gespräch direkt auf, weil sie das ungewohnte, befreiende Erlebnis haben, selbst im Mittelpunkt zu stehen. Bisher haben ihnen – so berichten viele – alle guten Freunde einschließlich der Verwandten immer ganz klar gesagt, was sie tun müßten – jeweils aufgrund der unfehlbaren persönlichen Erfahrung. Nicht selten wird wörtlich zitiert, zum Beispiel die Freundin: »Ich würde kurzen Prozeß machen und eindeutig ...« Damit liegt eigentlich das Problem der fremden Erfahrung auf der Hand: Was die Freundin tun würde – oder möglicherweise schon getan hat –, gilt für ihre Situation, ihr Gefühl, ihre Kräfte, ihre Finanzen, ihren Beruf usw. So etwas läßt sich nicht ohne weiteres übertragen. Jeder Ratsuchende braucht die individuelle, maßgeschneiderte Lösung für seine Situation. Und die muß er selber finden, weil er sie auch selber durchtragen muß. Der Gesprächspartner kann dabei außerordentlich hilfreich sein, vermag aber nicht den persönlichen Prozeß zu ersetzen.

Sollte sich nach dieser harten Arbeit die Erkenntnis ergeben, daß diese oder jene Situation anderer Menschen eine gewisse Ähnlichkeit mit der eigenen hat und ähnliche Schritte erfolgreich waren, so kann dies als Verstärkung durchaus eine gewisse Bedeutung haben. Ein Ersatz für die eigene Mühe kann die fremde Erfahrung aber nicht sein.

3. EINE SCHEIDUNG MUSS NICHT DIE KATASTROPHE DES GANZEN LEBENS SEIN

Die Überschrift dieses Kapitels ist eine Behauptung, die leichter ausgesprochen als gelebt wird. Sie ergibt sich aber aus vielfältiger Erfahrung mit Menschen, die durch die Tiefen einer zerbrechenden Beziehung gehen mußten, die aber auch durchgegangen sind, das heißt, die dahinter neuen Boden unter den Füßen gefunden haben. Daß dies möglich ist, muß man wissen, wenn es einem zufällt, jemanden auf dem schwierigen Weg der Trennung zu begleiten; man darf von diesem Wissen aber nur vorsichtigen Gebrauch machen, weil sich der Betroffene sonst unverstanden fühlen muß.

Ratsuchende im Trennungsgeschehen

Wenn sich eine Beziehungskrise in Richtung Scheitern entwickelt, droht zunächst eine Welt zusammenzubrechen. Das kann der Außenstehende nur dann begreifen, wenn er die ganze Geschichte dieser Liebe vor Augen hat. In der Krise drängen sich ja die belastenden Details in den Vordergrund. Dabei übersieht man leicht, was vorher war. Im Betroffenen selbst ist immer das Ganze gegenwärtig, selbst wenn die Belastungen derart groß sind, daß man nur den Wunsch nach Trennung hört. Begonnen hat es doch einmal mit einer tiefgehenden Sehnsucht nach Geborgenheit, Vertrauen und Verständnis, die mit der Zeit von immer stärkerer Hoffnung getragen wurde, das alles könnte mit diesem Partner beglückende Wirklichkeit werden. Stellt sich dann im Lauf der Jahre heraus, daß vieles eine Illusion war – egal aus welchen Gründen –, gewinnt das Gefühl der Enttäuschung immer mehr Raum. Je größer die Hoffnung, desto tiefer die Verletzung. Selbst wenn unverhohlener Haß gegen den Partner ausgesprochen wird, steckt dahinter das Gefühl einer verratenen Liebe.

Dies alles gilt es für Seelsorger und andere Christen, die zu Gesprächspartnern in der Not erwählt werden, zu bedenken, wenn eine hilfreiche Begleitung auf diesem schmerzhaften Weg angestrebt wird. Für das grundsätzliche Verhalten sind die gleichen Regeln zu beachten, nach denen sich auch professionelle Berater richten: Der bestehenden Ehe wird zunächst jede Chance gegeben; es gibt aber Situationen, in denen eine Trennung für alle Beteiligten – auch für die Kinder – die beste Lösung ist; die Entscheidung selbst darf den Betroffenen nicht abgenommen werden.

Verborgene Chancen werden manchmal entdeckt, wenn es gelingt, nach einer vielleicht äußerst schweren Verletzung Zeit zu gewinnen. Es geht dann darum, die Substanz der Beziehung kritisch zu prüfen. Dazu ist es in der Regel notwendig, den Anfang der gemeinsamen Geschichte ins Auge zu fassen. Je mehr Grundkapital an Liebe damals entstanden ist, desto eher läßt sich etwas neu beleben.

Verletzungen können aber auch ein Ausdruck dünn gewordener Beziehungen sein. Alle guten Ratschläge bringen keine Verbesserung. Es ist kein fester Grund vorhanden, der positive Versuche tragen könnte. Die gefühlsmäßige Abneigung bringt fast automatisch gegenseitige Quälereien mit sich. Häufig ist es in dieser Situation die Verantwortung für die Kinder, die den Entschluß zur Trennung reifen läßt. Man möchte ihnen die ständigen Belastungen ersparen.

Gerade in christlichen Milieus lohnt es sich, kritisch zu prüfen, ob man wirklich von der Realität ausgeht. Der

Erfolg von begleitenden Gesprächen wird immer noch von vielen daran gemessen, ob es gelungen ist, eine Ehe zu retten. Wenn in diesem Zusammenhang auf die Leiden der Scheidungskinder hingewiesen wird, geht die diesbezügliche Erfahrung häufig von anderen Situationen aus. Von der Möglichkeit, dieses Argument rein ideologisch einzusetzen, sei hier abgesehen. Im Mittelpunkt müssen aber immer die konkreten Menschen stehen, um die es geht. Wenn zum Beispiel eine Mutter davon überzeugt ist, daß ihre Kinder nur nach einer Trennung jenes Maß an Frieden finden können, das für eine gesunde Entwicklung notwendig ist, hat sie ein Recht darauf, daß man als Gesprächspartner diese Überzeugung ernst nimmt.
Wenn sich immer deutlicher abzeichnet, daß der Schnitt unvermeidlich ist, möchten manche Christen am liebsten mit der Angelegenheit nichts mehr zu tun haben. Auch in den Beratungsstellen ist es nicht angenehm, eingestehen zu müssen, daß eine Wiederbelebung der Ehe nicht möglich ist. Aber gerade jetzt ist eine intensive Begleitung wichtig, damit unnötige Schädigungen – besonders für die Schwächsten, also die Kinder – vermieden werden. Immer wieder zeigt sich ja, wie stark Aggressionen durchbrechen trotz der beiderseitigen Beteuerung, alles vernünftig zu regeln.

Scheidung verarbeiten

Wie kostbar die Einbindung in eine lebendige kirchliche Gemeinschaft ist, zeigt sich oft nach einer Scheidung. Oberflächliche Freunde sind zwar bereit zu aktuellen Hilfeleistungen, sie wollen aber meistens von der ganzen traurigen Geschichte nichts hören. Und auch praktische Hilfen sind desto schwerer zu bekommen, je länger ein Notzustand andauert. Jetzt werden Menschen wichtig, die einen so nehmen, wie man ist: traurig, ausgebrannt, erschöpft, verwundet, sprachlos, niedergedrückt. Jeder Abschied braucht eine gewisse Zeit, damit der Schmerz der Trennung abklingen kann. In dieser Zeit kann es hilfreich sein, immer und immer wieder von der inneren Not zu sprechen. Dieses Klagen vermag den Heilungsprozeß zu unterstützen. Wer mit Ungeduld darauf reagiert, behindert den Betroffenen. Besonders »vernünftige« Leute fühlen sich verpflichtet, einmal ein klares Wort zu sagen. Sie weisen darauf hin, daß keine neuen Argumente kämen, daß die Vergangenheit endlich einmal abgeschlossen werden müsse, daß schließlich ein neues Leben zu bewältigen sei. Der Leidende sieht das alles ein – und zieht sich in sein Schneckenhaus zurück.

Schuld und Schuldgefühle

Heikel wird es für viele, wenn im Gespräch die Frage der Schuld auftaucht. Modern ist es, diesen Gedanken einfach wegzuwischen. Populäre Psychologie liefert dafür das Vokabular. Allzu bedrohlich erscheint das große Wort Schuld. Dahinter mag jener Unglaube stehen, der unsere Gesellschaft in zunehmendem Maße prägt und der keinen erlösenden Gott akzeptieren kann. Wenn aber Vergebung nicht zu haben ist, müßte man auf seiner Schuld sitzenblieben. Also darf es keine Schuld geben. Sie wird einfach geleugnet und durch das Reden über Ursachen ersetzt. Auch Christen sind von diesem Trend angesteckt.

Ein Gutes hat diese Entwicklung aber doch gebracht: Wir unterscheiden sorgfältiger zwischen Schuldgefühlen und Schuld. Erstere können einen Menschen quälen, ohne daß eine entsprechende Realität dahintersteht. Dann ist es wichtig, im Gespräch alles genau anzuschauen: die feststellbaren Tatsachen, die Entschei-

dungsträger, die Motive zur Zeit einer Entscheidung, die Informationen, die damals zur Verfügung standen und alles, was sonst noch von Belang ist. Eine solche gründliche Analyse kann ein erster Schritt zur Befreiung von manchmal geradezu dämonischer Bedrängnis sein.
Ein hilfreicher Gesprächspartner blockt aber auch dann nicht ab, wenn tatsächlich persönliche Schuld sichtbar wird. Nur ist es in diesem Fall wichtig, den Prozeß der eigenen wachsenden Einsicht nicht zu behindern. Der Wunsch, jemand anderen schwierige Fragen beantworten zu lassen, ist ja allgemein verbreitet. So wird auch in solchen Gesprächen oft um ein »objektives Urteil« gebeten. Die häufigste Antwort, nämlich jene, die den abwesenden Teil schuldig spricht, ist aber nicht die notwendige langfristige Hilfe. Wer die Geduld – und vielleicht auch »Härte« – aufbringt, einen geschiedenen Partner den eigenen Anteil an Schuld selbst entdecken zu lassen, fördert damit auch den Aufbau einer neuen tragfähigen Grundlage für das weitere Leben.

Getrennte Lebenswelten

Nur scheinbar sind von einer Scheidung nur die Partner und ihre Kinder unmittelbar betroffen. Die Folgen des Auseinanderbrechens einer Lebensgemeinschaft reichen in den meisten Fällen bedeutend weiter. Es geht ein Riß durch alle Bereiche des gesellschaftlichen Lebens: Freunde, Verwandte, Bekannte – alle sind letztlich herausgefordert, Stellung zu beziehen. Manche meinen, es müßte doch alles so weitergehen wie früher, daß man nämlich auch nach der Scheidung mit beiden Partnern, die man ja in gleicher Weise mag, Kontakt halten kann. Von Ausnahmen abgesehen, erweisen sich diese Erwartungen als Illusion. Eine Scheidung ist wie ein Strudel, der alles Erreichbare mitreißt.

Kirchliche Gruppen haben in dieser Situation die Möglichkeit, stützend zu wirken. Einem Menschen, dem mit einem Schlag die meisten gesellschaftlichen Verbindungen abgeschnitten wurden, kann da ein Stück Heimat geschenkt werden. Manchmal wird dadurch nicht nur ein Verlust ausgeglichen. Oft schon hat jemand durch die Bitterkeit des Verlustes hindurch verstehen gelernt, wie gesellschaftliche Beziehungen zu bewerten sind.
Bei aller Hilfsbereitschaft ist jedoch auch das richtige Augenmaß vonnöten, wenn es um sensible Konstellationen geht. Eine Gruppe von Ehepaaren hat zum Beispiel nach einer Scheidung der Frau angeboten, weiter an den regelmäßigen Treffen teilzunehmen. Das erschien schon deshalb unproblematisch, weil der Mann in einen anderen Ort übergesiedelt war. Die Geschiedene nahm das Angebot dankbar an. Schließlich fühlte sie sich bei den Paaren dieser Runde wirklich zu Hause. Nach einigen Monaten trat aber schon das erste Unbehagen auf. Zunächst traute sich niemand darüber zu reden, weil man sich schäbig vorgekommen wäre, einer guten Bekannten, mit der man sich freundschaftlich verbunden fühlte, nach allem Leid noch Vorwürfe eigener Art zu machen. Aber es ließ sich nicht übersehen: Niemand wollte mehr – so wie früher – Fragen des partnerschaftlichen Lebens besprechen. Alle fühlten, wie ein solches Thema der Geschiedenen weh tat. Man konnte aber nicht immer über die Kinder und Glaubensfragen diskutieren. Die Erwartungen, aus der Runde Hilfen für die Ehe zu gewinnen, waren einfach in den Jahren natürlich gewachsen. Gottseidank wurde ein Vermittler gefunden, so daß in einer Reihe von Gesprächen die Situation geklärt werden konnte, ohne daß Verletzungen zurückgeblieben sind. Es gab weiterhin freundschaftliche Kontakte verschiedenster Art. Auf die Teilnahme an den Treffen konnte die geschiedene Frau aber – durch Einsicht in die Zusammenhänge – verzichten.

Bitteres kann kostbar sein

Über einige christliche Lebensweisheiten läßt sich nur schwer reden, weil mit dem Aussprechen schon der intime Hintergrund in peinlicher Weise gestört werden kann. Das gilt etwa für jede persönliche Erfahrung mit der erlösenden Wirkung des Kreuzes. Vielleicht existiert in diesem Bereich auch deshalb heute eine gewisse Zurückhaltung, weil manche Predigt gar zu sicher und hausbacken verkündet hat, was nur in bitteren Erfahrungen gewonnen werden kann.

Es darf aber in unserem Zusammenhang nicht verschwiegen werden, daß auch mit den Enttäuschungen aus einer zerbrochenen Beziehung Schritte der persönlichen Reifung möglich sind, die sich bei einer günstigen Entwicklung der Partnerschaft nicht ergeben hätten. So etwas liegt aber nicht in der Verfügung des Menschen, nicht des Betroffenen, aber auch nicht des Seelsorgers, der vielleicht guten Willens Hoffnung vermitteln will, stattdessen aber – besonders wenn ein an sich richtiger Gedanke voreilig ausgesprochen wird – Verbitterung auslöst.

Das Leben ist mehr

Wer so viel Vertrauen genießt, daß er einem geschiedenen Partner bei der Bewältigung des bitteren Schicksals helfen darf, sollte immer ein bißchen weiter sehen können als der Betroffene selbst. Nicht daß diese Sicht auch gleich ausgesprochen wird. Aber es ist wichtig, alle Spuren wahrzunehmen, die über das eigentliche Problem hinausweisen. Diese Spuren sind es wert, verstärkt zu werden.

Zunächst ist es ja verständlich, daß die Trennung mit ihren Problemen alles beherrscht. Aber das Leben ist mehr. Da gibt es nicht nur die wichtige Beziehung, die zerbrochen ist, so beherrschend dieses tragische Ereignis auch gewesen sein mag. Es bleiben weiter Begabungen und Talente, Neigungen und Interessen, Wissen und Können – kurz alles, was den Reichtum eines Menschenlebens ausmacht. Der Betroffene zeigt selbst durch erste Andeutungen, wann es soweit ist, im Gespräch über »das Problem« hinauszugehen. Wer darauf nicht warten kann und den Weg abkürzen möchte, verursacht das Gefühl des Unverstandenseins: Was ist das alles gegen den Verlust! Aber wenn die Zeit reif ist, eröffnen sich im Gespräch die großen Perspektiven für ein neues Leben. Der hilfreiche Gesprächspartner, der alle Ansätze festhält und verstärkt, schenkt dadurch einem Menschen in Not neues Selbstvertrauen und den Glauben an den eigenen Wert. Das ist in dieser Situation deshalb besonders wichtig, weil durch das Zerbrechen einer Beziehung immer der Wert der eigenen Person in Frage gestellt wird: Wie minderwertig muß ich sein, daß mit mir ein gutes Zusammenleben unmöglich war! Solche Gefühle tauchen selbst dann auf, wenn auf der Ebene des Verstandes eine schonende Erklärung vorhanden ist. Zu erkennen, was noch alles im Leben liegt und entfaltet werden kann, ist auch der erste Schritt zum Engagement in der Gemeinschaft. Gerade im kirchlichen Leben ist es wichtig, daß Geschiedene einen aktiven Platz finden und spüren, wie sehr ihre Begabungen gefragt sind: im sozial-caritativen Bereich, in der Liturgie, in der Sakramentenpastoral, in der Erwachsenenbildung usw.

4. BEGINNT MIT EINER NEUEN LIEBE DER KIRCHLICHE KONFLIKT?

Wenn es um das Verhalten der Kirche als Gemeinschaft geht, ist die Orientierung am Auftrag des Stifters der Kirche notwendig. Es gilt ja den Geist Jesu in der jeweiligen Zeit zu repräsentieren. Für den Bereich Ehe und Scheidung gibt es Aussagen, die Jesus als Antwort auf eine provozierende Frage formuliert hat.

Jesu Wort

Im 10. Kapitel des Markusevangeliums heißt es: »Pharisäer kamen zu ihm und fragten: Darf ein Mann seine Frau aus der Ehe entlassen? Damit wollten sie ihm eine Falle stellen. Er antwortete ihnen: Was hat euch Mose vorgeschrieben? Sie sagten: Mose hat erlaubt, eine Scheidungsurkunde auszustellen und die Frau aus der Ehe zu entlassen. Jesus entgegnete ihnen: Nur weil ihr so hartherzig seid, hat er euch dieses Gebot gegeben. Am Anfang der Schöpfung aber hat Gott sie als Mann und Frau geschaffen. Darum wird der Mann Vater und Mutter verlassen, und die zwei werden ein Fleisch sein. Sie sind also nicht mehr zwei, sondern eins. Was aber Gott verbunden hat, das darf der Mensch nicht trennen.«
Jesus hat einen klaren Standpunkt. Beinhart entlarvt er auch die Heuchelei der Fragesteller, die den ursprünglichen Sinn der Scheidungsurkunde verdreht hatten: Weil es Scheidung gab, hat Mose die Ausstellung einer Scheidungsurkunde verlangt, um unnötige zusätzliche Härten für den schwächeren Teil – das war damals immer die

Frau – zu verhindern; daraus wurde die Schlußfolgerung: Wenn Mose die Scheidungsurkunde vorsieht, ist Scheidung also erlaubt. Demgegenüber zitiert Jesus die Schöpfungsgeschichte, um den Plan Gottes für den Menschen klar herauszustellen: Wenn sich ein Mann und eine Frau füreinander entscheiden, dann ist es Gott selbst, der sie verbindet. Darum kann Ehe auch gelingen.
Gelernte Katholiken, die beim Thema Scheidung immer gleich versichern, daß die Scheidung an sich nicht schlimm sei, daß die Probleme erst mit der Wiederverheiratung anfingen, täten gut daran, die klaren Worte des Evangeliums ernsthaft zu bedenken. Jesus sagt eindeutig: Scheidung soll nicht sein! Er schützt den Menschen in einem außerordentlich sensiblen Bereich davor, daß mit seinen Gefühlen gespielt wird. Wer derart tiefe Sehnsüchte und Hoffnungen weckt – wie es bei einer Liebesbeziehung sein kann –, übernimmt damit eine große Verantwortung, aus der er sich nicht ohne weiteres hinwegstehlen kann.
Was die Wiederverheiratung angeht, so ist die Fortsetzung der oben zitierten Stelle aus dem Markusevangelium interessant: »Zu Hause befragten ihn die Jünger noch einmal darüber. Er antwortete ihnen: Wer seine Frau aus der Ehe entläßt und eine andere heiratet, begeht ihr gegenüber Ehebruch. Auch eine Frau begeht Ehebruch, wenn sie ihren Mann aus der Ehe entläßt und einen anderen heiratet.«

Jesu Beispiel

Das Wort Jesu ist eindeutig. Um seine Botschaft vollständig zu verstehen, erscheint es aber notwendig, auch sein Verhalten näher zu betrachten. Dazu kann eine Begegnung dienen, die im 4. Kapitel des Johannesevangeliums geschildert wird: »Er kam zu einem Ort in Samarien, der Sychar hieß ... Dort befand sich der Jakobsbrunnen. Jesus war müde von der Reise und setzte sich daher an den Brunnen; es war um die sechste Stunde. Da kam eine samaritische Frau, um Wasser zu schöpfen. Jesus sagte zu ihr: Gib mir zu trinken! Seine Jünger waren nämlich in den Ort gegangen, um etwas zum Essen zu kaufen. Die samaritische Frau sagte zu ihm: Wie kannst du als Jude mich, eine Samariterin, um Wasser bitten? Die Juden verkehren nämlich nicht mit den Samaritern. Jesus antwortete ihr: Wenn du wüßtest, worin die Gabe Gottes besteht und wer es ist, der zu dir sagt: Gib mir zu trinken!, dann hättest du ihn gebeten und er hätte dir lebendiges Wasser gegeben. Sie sagte zu ihm: Herr, du hast kein Schöpfgefäß und der Brunnen ist tief. Woher hast du also das lebendige Wasser ...? Jesus antwortete ihr: Wer von diesem Wasser trinkt, wird wieder Durst bekommen; wer aber von dem Wasser trinkt, das ich ihm geben werde, wird niemals mehr Durst haben; vielmehr wird das Wasser, das ich ihm gebe, in ihm zur sprudelnden Quelle werden, deren Wasser ewiges Leben schenkt. Da sagte die Frau zu ihm: Herr, gib mir dieses Wasser, damit ich keinen Durst mehr habe und nicht mehr hierherkommen muß, um Wasser zu schöpfen. Er sagte zu ihr: Geh, ruf deinen Mann und komm wieder her! Die Frau antwortete: Ich habe keinen Mann. Jesus sagte zu ihr: Du hast richtig gesagt: Ich habe keinen Mann. Denn fünf Männer hast du gehabt, und der, den du jetzt hast, ist nicht dein Mann. Damit hast du die Wahrheit gesagt. Die Frau sagte zu ihm: Herr, ich sehe, daß du ein Prophet bist. Unsere Väter haben auf diesem Berg Gott angebetet; ihr aber sagt, in Jerusalem sei die Stätte, wo man anbeten muß. Jesus sprach zu ihr: Glaube mir, Frau, die Stunde kommt, zu der ihr weder auf diesem Berg noch in Jerusalem den Vater anbeten werdet ... Aber die Stunde kommt, und sie ist schon da, zu der die wahren Beter den Vater anbeten werden im Geist und in der Wahrheit; denn so will der Vater angebetet werden. Gott ist Geist, und alle, die ihn anbeten, müssen im Geist und in der Wahrheit anbeten. Die Frau sagte zu ihm: Ich weiß, daß der Messias kommt. Wenn er kommt, wird er uns alles verkünden. Da sagte Jesus zu ihr: Ich bin es, ich, der mit dir spricht.«

Jesus führt mit der Frau am Brunnen ein religiöses Gespräch. Das allein war schon ungewöhnlich, wie die Jünger später auch feststellten. Nach damaliger Auffassung konnte ein Mann einer Frau höchstens einen Auftrag erteilen. Ein sinnvolles Gespräch, noch dazu über theologische Fragen, war nur unter Männern üblich. Jesus setzt sich über derartige Gewohnheiten hinweg und macht es dieser Frau gegenüber wie sonst: Er knüpft dort an, wo ein gemeinsames Erlebnis ist – das Wasserschöpfen – und führt mittels eines Gleichnisses weiter zu den tiefen Wahrheiten, die er den Menschen vermitteln möchte. Auf die Einwände und Fragen der Frau geht er ernsthaft und respektvoll ein, so wie es seine Art ist, wie wir es etwa ebenso im nächtlichen Gespräch mit dem hochgebildeten Ratsherrn Nikodemus finden. Dann wird die persönliche Situation seiner Gesprächspartnerin offenbar. Sie ist eine von jenen, die im Bereich Ehe das Ideal nicht verwirklicht haben. Es liegt auf der Hand, daß sie nicht nach den religiös fundierten Weisungen lebt. Am Verhalten Jesu ändert sich dadurch nichts. Wer ihn in dieser Situation als barmherzig kennzeichnen möchte, muß unbedingt noch etwas dazu sagen, vielleicht respektvolle Barmherzigkeit; denn gerade unter Christen ist Barmherzigkeit häufig mit einer herablassenden Geste verbunden, drückt also eine Beziehung von oben nach unten aus. Nichts dergleichen bei Jesus. Ja, diese Frau – man könnte sagen: eine solche – ist der erste Mensch, dem Jesus offenbart, daß er der Messias ist. Und später wird noch berichtet, daß sie auch die Chance bekommt, für Jesus missionarisch zu wirken.

Das Problem in der Urkirche

Daß Wort und Beispiel Jesu miteinander betrachtet werden müssen, wenn man den Herrn der Kirche möglichst gut verstehen will, zeigt sich in Dokumenten, die einen Blick in die Praxis der ersten Christengemeinden ermöglichen. So nimmt Paulus im 7. Kapitel des ersten Briefes an die Korinther offensichtlich zu einem konkreten Problem Stellung, das man an ihn herangetragen hat. Zu beachten ist, wie er zuerst die grundsätzliche Orientierung des Herrn wiedergibt und dann – offensichtlich nicht im Gegensatz zum Herrenwort – seine Meinung äußert: »Den Verheirateten gebiete nicht ich, sondern der Herr: Die Frau soll sich vom Mann nicht trennen – wenn sie sich aber trennt, so bleibe sie unverheiratet oder versöhne sich wieder mit dem Mann –, und der Mann darf die Frau nicht verstoßen. Den übrigen sage ich, nicht der Herr: Wenn ein Bruder eine ungläubige Frau hat und sie willigt ein, weiter mit ihm zusammenzuleben, soll er sie nicht verstoßen. Auch eine Frau soll ihren ungläubigen Mann nicht verstoßen, wenn er einwilligt, weiter mit ihr zusammenzuleben. Denn der ungläubige Mann ist durch die Frau geheiligt und die ungläubige Frau ist durch ihren gläubigen Mann geheiligt. Sonst wären eure Kinder unrein; sie sind aber heilig. Wenn aber der Ungläubige sich trennen will, soll er es tun. Der Bruder oder die Schwester ist in solchen Fällen nicht wie ein Sklave gebunden; zu einem Leben in Frieden hat Gott euch berufen.«
Um zu verstehen, wie die Urkirche mit dem Problem umgegangen ist, daß einerseits nach der Aussage Jesu Scheidung nicht sein soll, andererseits aber auch bei

Christen Ehen zerbrechen, kann man die schon zitierte Stelle über Wiederverheiratung aus dem Markusevangelium (»Wer seine Frau aus der Ehe entläßt und eine andere heiratet, begeht ihr gegenüber Ehebruch«) mit der Parallelstelle bei Matthäus vergleichen. Dort heißt es: »Wer seine Frau entläßt, *obwohl kein Fall von Unzucht vorliegt*, und eine andere heiratet, begeht Ehebruch.« Ebenso wie im Paulusbrief wird Jesus zitiert, offensichtlich im Hinblick auf eine konkrete Situation wird aber die Ausnahme eingefügt. Diese Praxis der Kirche des Anfangs muß uns gerade in unserer Zeit nachdenklich machen, in der Scheidung und Wiederverheiratung für eine wachsende Zahl von gläubigen Christen aus dem Kernbestand der Gemeinden zum Problem wird.

Um die Balance ringen

Nicht nur viele einzelne Katholiken lesen heute intensiv die Bibel, weil es ihnen darum geht, sich an den Quellen des Glaubens für die Praxis eines christlichen Lebens zu orientieren; auch in den Gemeinden gibt es immer mehr Gruppen, die bei ihren Zusammenkünften Teile aus der Hl. Schrift besprechen. Wenn darum die Frage, die als Kapitelüberschrift formuliert ist (Beginnt mit einer neuen Liebe der kirchliche Konflikt?), beantwortet werden soll, geht das nicht ohne eine gründliche Besinnung auf das Wort und Beispiel Jesu und ohne einen Blick in die Praxis der ersten Gemeinden, die aufzeigt, wie man am Anfang den Herrn der Kirche verstanden hat.
In Gesprächen, die darüber geführt werden, wird häufig zunächst unsere unmittelbare Vergangenheit kritisiert. In der Praxis der katholischen Kirche wurde ja nur die Unauflöslichkeit der Ehe betont, egal wie es betroffenen Menschen damit ging. Das hat teilweise zu einer Diskriminierung von wiederverheirateten Geschiedenen ge-

führt, die als unbarmherzig empfunden wurde und in total katholischen Milieus wie ein gesellschaftliches Todesurteil gewirkt hat. Solche Personen wurden nicht mehr eingeladen, konnten bestimmte Positionen nicht anstreben und wurden allgemein gemieden. Der Blick auf Jesus im Gespräch mit der Frau am Brunnen macht klar, wie weit ein solches Verhalten vom Evangelium entfernt ist.

Es wird aber auch die andere Seite diskutiert. Man kennt ja Versuche eines radikal neuen christlichen Lebens ohne Rücksicht auf Traditionen. Ohne viel Überlegen heißt es da etwa: »Bei uns ist das alles anders; Scheidung ist heute so alltäglich, daß wir darüber gar nicht mehr reden; wichtig ist nur die Liebe, und in Privatangelegenheiten mischen wir uns nicht ein.« Diese – gewiß vereinfacht wiedergegebene – Haltung erscheint den meisten als nicht tragfähig. Viele können sich nicht vorstellen, wie dann der Jugend noch überzeugend nahegebracht werden kann, daß es bei der Ehe wirklich um ein Projekt für das ganze Leben geht. Außerdem wird auf diesem Weg eine Entwicklung befürchtet, in der sich jeder die jeweils bequemere Alternative aussuchen kann und die manchmal harten Forderungen des Evangeliums verschwiegen werden.

Ernsthafte Auseinandersetzungen führen immer wieder zu der Erkenntnis, daß jede Einseitigkeit eigentlich ein Verrat am ganzen Jesus ist. Wer nur das Wort von der Unauflöslichkeit kennt, ist in Gefahr, unmenschlich zu werden. Wer eine orientierungslose Barmherzigkeit propagiert, riskiert, daß die christliche Überzeugung von der hohen Bedeutung partnerschaftlicher Liebe auf Dauer untergraben wird.

Bei Jesus hat beides zusammengepaßt. Da war kein Widerspruch zwischen seinem wegweisenden Wort und seiner Art, mit Menschen umzugehen, die dem Ideal nicht entsprechen.

Die Kirche, die aus gewöhnlichen Menschen besteht, wird immer der Versuchung ausgesetzt sein, einseitig zu agieren. Wenn sie dann Kritik erfährt, tut sie gut daran, an Jesus Maß zu nehmen und nachzudenken, in welche Richtung eine Bekehrung nötig ist. Wenn sich die Kirche aber bemüht, den Geist des ganzen Jesus in der Gegenwart darzustellen – die orientierende Wahrheit und seine Barmherzigkeit –, und wenn sie dann trotzdem Kritik aushalten muß, so mag das – auch darüber muß gründlich nachgedacht werden – jene Kritik sein, der auch Jesus ausgesetzt war. Diese aber muß der Kirche recht sein.

Gehen wir noch einmal zur Frage in der Überschrift dieses Kapitels und damit zu den konkreten Menschen unserer Zeit zurück: Beginnt mit einer neuen Liebe der kirchliche Konflikt? In einer Gemeinde, die sich um die Balance von Wahrheit und Barmherzigkeit müht, muß damit keine Schwierigkeit anfangen. Die Scheidung, die jemand hinter sich hat, wird nicht als Aufstand gegen Gottes Ordnung verurteilt, sondern als leidvolles Schicksal beachtet. Bei der Bewältigung des neuen Lebens gibt es den Beistand von Gesprächspartnern, die ohne Aufdringlichkeit zu einer vertieften Erkenntnis der persönlichen Situation verhelfen. Auch dort, wo sich eine neue Beziehung anbahnt, kann kein Mensch von vornherein sagen, in welche Richtung Gottes Geist führen will. Es bleibt wieder nur das Angebot zu machen, im vertrauensvollen Gespräch den Weg zu begleiten, um Gefahren oder Chancen rechtzeitig zu entdecken. Konflikte mit einer Kirche, die in solcher Weise bereit ist, den Menschen zu dienen, muß es jedenfalls nicht geben.

5. DIE GEMEINDE UND IHRE ZWEITEHEN

Es gibt Prioritäten in der Seelsorge, die immer gültig sind, zum Beispiel die Sorge um die Armen. Es gibt aber auch Aufgaben, die zu einem bestimmten Zeitpunkt einen solchen Grad von Aktualität erreichen, daß sie vorrangig erfüllt werden müssen. Dies scheint für die Geschiedenenpastoral heute zuzutreffen. Das Problem ist in den letzten Jahrzehnten quantitativ sprunghaft gewachsen; ein neues, biblisch orientiertes, kritisches Denken stellt gewohnte Verhaltensschablonen in Frage; und obwohl der Papst aktives Engagement fordert, wird das Thema gerade mit Hinweisen auf den Papst beiseitegeschoben und eine offene Diskussion verhindert.

Das Gefühl, voll integriert zu sein

Der wichtigste Grundsatz einer Pastoral für wiederverheiratete Geschiedene in der katholischen Kirche kann heute nicht mehr in Frage gestellt werden: Sie sollen in einer Gemeinde das Gefühl haben, zu allen Gottesdiensten und kirchlichen Veranstaltungen genauso eingeladen zu sein wie alle anderen. Im Apostolischen Schreiben »Familiaris consortio« aus dem Jahr 1981 drückt Papst Johannes Paul II. das so aus: »Ich möchte die Hirten und die ganze Gemeinschaft der Gläubigen herzlich ermahnen, den Geschiedenen in fürsorgender Liebe beizustehen, damit sie sich nicht als von der Kirche getrennt betrachten.«
Der Hinweis auf die Möglichkeit, sich als von der Kirche getrennt zu empfinden, ist natürlich nicht aus der

Luft gegriffen. Damit wird die rigorose Praxis der Vergangenheit in Erinnerung gerufen, die wiederverheirateten Geschiedenen das Unrecht ihres Verhaltens durch Sanktionen derart drastisch vor Augen gehalten hat, daß sie sich geradezu von der Gemeinschaft der Gläubigen verstoßen vorkommen mußten. Demgegenüber sagt die Österreichische Bischofskonferenz in einer Erklärung aus dem Jahre 1980 – übrigens eines der ersten Signale, daß die neue Situation vom kirchlichen Lehramt wahrgenommen wurde –: »Die christlichen Gemeinden und besonders die Seelsorger werden aufgerufen, diese Menschen im Geist der Brüderlichkeit aufzunehmen.«

Eine Pfarrgemeinde, die den wiederverheirateten Geschiedenen das Gefühl vermitteln will, daß sie voll dazugehören, läßt sich bei diesem Vorhaben auf einen langfristigen Prozeß ein. Es ist nicht damit getan, ihnen alle schriftlichen Einladungen zukommen zu lassen. Ihr skeptisches Gefühl basiert auf einer langen Tradition, die nur durch eine andauernde neue Grundeinstellung langsam verändert werden kann. Es mag für kirchliche Mitarbeiter manchmal frustrierend sein, wenn sie im Gespräch mit Betroffenen eine offene Haltung zeigen und trotzdem als Reaktion den starken Zweifel erleben: So ganz, wie es sich anhört, könne es denn doch wohl nicht sein. Es braucht viel Geduld, nach der Saat eines neuen Samens auf die Frucht zu warten. Das Wachstum läßt sich nur fördern, nicht aber künstlich beschleunigen.

Außerdem kann es auch gewaltsame Rückschläge geben, etwa wenn ein Seelsorger die Leitung der Gemeinde übernimmt, der von der neuen Offenheit nichts wissen will. Dann ist auch der beste Wille der Laien, die ihre Freizeit für den Aufbau einer menschenfreundlichen Kirche einsetzen, ziemlich machtlos. In einer solchen Situation wird klar, daß ohne den Pfarrer im Grunde nichts geht.

Deshalb ist es wünschenswert, daß auf diözesaner

Ebene klare Orientierungen für die Geschiedenenpastoral erstellt werden. Das Thema darf nicht mehr tabu sein. Zu sehr geht es um Menschen in Not, als daß die Linie kirchlicher Aktivitäten von der Laune einzelner Amtsträger abhängen dürfte. Die häufig zu hörende Berufung auf Rom, um nichts ändern zu müssen, ist seit »Familiaris consortio« 1981 und seit Inkrafttreten des neuen kirchlichen Rechtsbuches 1983 nicht mehr berechtigt. »Familiaris consortio« wurde schon zitiert. Was den Codex des Kanonischen Rechts angeht, sei darauf hingewiesen, daß Sanktionen für wiederverheiratete Geschiedene, die im früheren Codex aus dem Jahr 1917 enthalten waren, nicht übernommen wurden. Alle einschlägigen Bestimmungen sind offener formuliert, fordern moraltheologisches Verständnis und bieten größeren Spielraum. Mehr darüber später.

Bekehrung der Kernschicht

Mancher Pfarrer, der begreift, daß in der Geschiedenenpastoral etwas getan werden muß, beginnt mit einer Einladung von wiederverheirateten Geschiedenen, um ihnen darzulegen, wie ihre Situation in der Kirche zu sehen ist. Oft steht viel organisatorischer Einsatz hinter der Vorbereitung einer solchen Veranstaltung. Man denke nur an das Problem, die einschlägigen Adressen zu sammeln. Der Erfolg ist häufig deprimierend: Kaum jemand folgt der Einladung. Die Gründe dafür sind vielfältig. Aber die Folgewirkungen des Fehlschlages sind noch schlimmer: Dieser Pfarrer und jene Mitarbeiter, die ihm geholfen haben, fühlen sich wie gelähmt, weil sie nicht mehr weiterwissen. Es kann auch ein gewisses Maß an Trotz hinzukommen: Wir haben es so gut mit euch gemeint und allerhand Zeit dafür geopfert; wenn ihr nicht wollt, lassen wir es halt bleiben.

Auch wenn es letztlich um die Betroffenen geht, beginnen muß eine Gemeinde mit der Bekehrung der Kernschicht. Jene Christen, die ihren Glauben ernsthaft leben wollen und die ihre Arbeitskraft in der Freizeit der Kirche widmen, tragen das Leben in der Gemeinschaft der Gläubigen. Von ihnen hängt der Stil des Gemeindelebens ab. Sie haben gesellschaftlichen Kontakt auch zu jenen, die nicht oder nur eingeschränkt am kirchlichen Leben teilnehmen. Ohne sie kann es keine effektive Geschiedenenpastoral geben, weil der Seelsorger allein nicht überall sein kann. Sie müssen deshalb zuerst überzeugt werden. Konkret heißt das: Diese aktiven Christen brauchen zunächst die Einsicht, daß es bei den neuen Wegen in diesem Bereich der Seelsorge um die Treue zum Geist Jesu Christi geht. Veränderung bloß um der Veränderung willen oder aus modischen Gründen ist bei ernsthaften Christen nicht gefragt. So ist also ein intensiver Bildungsprozeß notwendig, in dem die praktischen Seiten der Geschiedenenpastoral auf dem Hintergrund solider theologischer Reflexion erarbeitet werden.
Wo und wie damit begonnen wird, hängt natürlich von den gewachsenen Strukturen am Ort ab. Wenn zum Beispiel der Pfarrgemeinderat Kristallisationspunkt des pfarrlichen Lebens ist, kann eine *Klausurtagung* zum Thema durchgeführt werden. Hier ein Vorschlag für die Gestaltung:
1. Einzelarbeit: Alle Teilnehmer denken an eine betroffene Person aus dem Kreis der wiederverheirateten Geschiedenen, die ihnen möglichst nahesteht, und versuchen sich in ihre Lage hineinzudenken und dann auch hineinzufühlen.
Was würde diese Person auf die Frage »Wie fühlst du dich in der Kirche?« antworten? Sätze – am besten in der Ich-Form –, die jetzt spontan auftauchen, sollten notiert werden.
2. Dreiergruppen: Mit zwei anderen Teilnehmern nach

freier Wahl wird das, was einem bei Punkt 1 eingefallen ist und was man den anderen sagen kann, besprochen. Nach den drei Berichten und als Ergebnis des intensiven Nachdenkens über Betroffene werden Antworten auf die Frage gesucht: Welche Erwartungen (oder Nicht-Erwartungen) haben wiederverheiratete Geschiedene an die Kirche?

3. Plenum: Die in den Kleingruppen gesammelten Erwartungen werden für alle sichtbar notiert.

4. Plenum: Eine Person aus der Gruppe, die sich darauf vorbereitet hat, unter Umständen der Seelsorger, liest Mk 10,2–9 und Joh 4,5–26 vor und bietet dazu einige Überlegungen (s. 4. Kapitel) in meditativer Form an.

5. Gruppen zu sechs bis acht Teilnehmern: Alle werden motiviert, sich auf ein »Spiel« einzulassen: In den Gruppen sind wir Christen der ersten Zeit aus einer der jungen Gemeinden auf dem Weg zu einem Konzil, bei dem Grundsätze für den Umgang mit wiederverheirateten Geschiedenen entsprechend dem Geist des Herrn erarbeitet werden sollen. Als Ergebnis notiert jede Gruppe auf ein Plakat: Grundsätze einer Geschiedenenpastoral, die sich am Neuen Testament orientiert. (Wenn die Teilnehmer eher »steif« sind, ist es besonders wichtig, sie für das Spielerische dieses Teils in lockerer Weise zu gewinnen. Jedenfalls muß der Moderator davon überzeugt sein, daß diese Methode angemessen ist.)

6. Plenum: Die Ergebnisse auf den Plakaten werden mit den bei Punkt 3 notierten Erwartungen verglichen. Dabei sind Übereinstimmungen, aber auch Unterschiede festzuhalten. Die Gruppen können ihre Ergebnisse erklären. Fragen, die dabei auftauchen, werden diskutiert. In das Gespräch werden auch 1 Kor 7,10–15 und Mt 19,9 mit den entsprechenden Erklärungen (s. 4. Kapitel) eingebracht.

7. Einzelarbeit: Wie würde eine zeitgemäße Geschiedenenpastoral in unserer Gemeinde aussehen?

Die Ideen aus der individuellen Überlegung werden in einer Pause von den einzelnen Teilnehmern für alle sichtbar notiert. (Methodisch angemessen wären einzelne Blätter, die auf einer Pinwand zusammengestellt werden.)

8. Plenum: Diskussion der verschiedenen Anregungen. Bildung von Gruppen für einzelne Projekte, die in der Diskussion genannt werden, zum Beispiel Erwachsenenbildung, Pfarrblatt, Predigten.

9. Projektgruppen entsprechend dem Ergebnis von Punkt 8: Diese Arbeit kann nur ansatzweise geschehen. Möglicherweise kann jede Projektgruppe während der Klausurtagung nur noch einen Termin für die konkrete Arbeit vereinbaren.

Es geht nicht ohne Strategie

Das skizzierte Beispiel kann erahnen lassen, daß die Entfaltung einer neutestamentlich orientierten und zeitgemäßen Geschiedenenpastoral ein hohes Maß an Planung verlangt. Mit einer zufälligen Aktion ist es nicht getan. Schließlich sollte ja ein Umdenken und »Umfühlen« erreicht werden: Wiederverheiratete Geschiedene sind nicht mehr Missetäter, die sie in der Vergangenheit waren, sondern werden zu vollwertigen Christen, die ein besonders hartes Schicksal hinter sich haben und auf die Hilfe der Gemeinde angewiesen sind, um ihren Weg als Gläubige in die Zukunft gehen zu können. Deshalb ist ein umfassendes und langfristiges Konzept notwendig. Zur Ermutigung für die praktische Arbeit werden im folgenden einige konkrete Anregungen gegeben.

Erwachsenenbildung: Am einfachsten ist es, in der Gemeinde mit jenen Gruppen Kontakt aufzunehmen, die sich regelmäßig treffen und in denen auch Bildungsprozesse in Gang gesetzt werden. Je nach den Gegeben-

heiten können Teile aus dem Programm der Klausurtagung verwendet werden. Vielleicht kann auch ein Teilnehmer dieser grundlegenden Veranstaltung die Moderation übernehmen. Wichtig ist dabei, daß die Anwesenden genügend zu Wort kommen. Ihre Überlegungen und auch Einwände müssen artikuliert werden können und haben Vorrang. Ein bloßes Übertragen von Ergebnissen, die eine andere Gruppe in längerer Zeit gefunden hat, ist nicht möglich.
Zu überlegen ist auch eine allgemein zugängliche Bildungsveranstaltung. Je nach Situation kann dabei mit aktivierenden Methoden vorgegangen werden, oder es wird die traditionelle Form des Referates gewählt, über das anschließend diskutiert werden kann.
Für das *Referat* ist folgende Gliederung denkbar:

1. Die Situation von Geschiedenen heute (s. 3. Kapitel)
2. Orientierung der Seelsorge an Jesus (s. 4. Kapitel: Jesu Wort, Jesu Beispiel)
3. Ansätze für Problemlösungen in der Urkirche (s. 4. Kapitel: Das Problem in der Urkirche)
4. Die Herausforderung der Kirche heute (s. 4. Kapitel: Um die Balance ringen)
5. Vermittlung des persönlichen Gesprächs (s. 6. Kapitel)

Pfarrblatt: Der große Vorteil einer schriftlichen Publikation liegt darin, daß sie auch jene erreichen kann, die nicht oder nicht regelmäßig in die Kirche gehen bzw. kirchliche Veranstaltungen besuchen. Außerdem können wichtige Informationen öfter nachgelesen werden; man wird sich später vielleicht darauf berufen. Für die Verfasser bedeutet dies: Sorgfalt bei schwierigen Formulierungen!
Es kann angemessen sein, das Thema Geschiedenenpastoral etwa einmal im Jahr im Pfarrblatt zur Sprache zu bringen. Dementsprechend ist eine langfristige Planung

der Inhalte notwendig. Die einzelnen Artikel sollen einander ergänzen; jeder muß aber auch für sich abgerundet und damit verständlich sein; man kann ja nicht nach einem Jahr an schon einmal Geschriebenes anknüpfen. Für die Form der Artikel empfiehlt es sich, von einem konkreten Schicksal auszugehen und die entsprechenden Informationen über die heutige Sicht der Kirche anzufügen. Wenn es ganz lebendig und authentisch sein soll, kann der persönliche Teil auch als Interview gebracht werden. Für journalistische Talente ist also jede Entfaltungsmöglichkeit gegeben.
Vorschläge für einen Fünf-Jahres-Plan:

1. Die Gruppe als Hilfe während Krise und Scheidung
2. Als Geschiedene(r) engagiert in der Kirche
3. Die Gewissensentscheidung für die Kommunion
Nach Scheidung und Wiederverheiratung voll im Leben der Kirche
4. Wir können nur standesamtlich heiraten
Trotzdem fühlen wir uns kirchlich begleitet
5. Wie fühlen sich Geschiedene in unserer Gemeinde?

Predigten: Drei Beispiele aus den drei Lesejahren, konzipiert von Priestern der Diözese Linz

BIST DU AUS NEID BÖSE, WEIL ICH GÜTIG BIN?
Lesejahr A, 25. Sonntag im Jahreskreis
Einleitung: In der ersten Lesung spricht Gott zu uns: »Meine Gedanken sind nicht eure Gedanken; so hoch der Himmel über der Erde ist, so hoch sind meine Gedanken über euren Gedanken.« Der Prophet Jesaia will damit ausdrücken, wie großmütig Gott im Vergeben ist. Auf diesem Hintergrund wollen wir nach dem Evangelium, in dem wir das Gleichnis von den Arbeitern im Weinberg hören, über die Stellung der wiederverheirateten Geschiedenen in unserer Kirche nachdenken.

Bußakt:

Herr Jesus Christus:

- Du zeigst uns die Maßstäbe Gottes, die von Liebe und Barmherzigkeit geprägt sind.
  Herr, erbarme dich unser!
- Du forderst uns zu höchstem Einsatz heraus, hast aber zugleich Verständnis für unsere Schwäche.
  Christus, erbarme dich unser!
- Du willst jeden von uns mit dem einen Denar ewiger Glückseligkeit belohnen.
  Herr, erbarme dich unser!

Predigt:

- Jesus lehrt neue Maßstäbe, die sich nicht nach der sichtbaren Leistung richten.
- »Bist du aus Neid böse, weil ich gütig bin?« Diese Frage richtet sich an alle »Guten«, die anderen Menschen, die weniger gut sind, Gottes barmherzige Güte nicht gönnen.
- Bei allen Einwänden gegen eine barmherzige Seelsorge wird vorausgesetzt, daß eine klare Trennung in Gute und in Böse möglich ist. Wir alle sind aber sündige Menschen.
- Sakramentenempfang als Zeichen der Zugehörigkeit zur Kirche:
  keine allgemeine Zulassung
  Angebot des pastoralen Gesprächs
  Ernsthaftigkeit der Gewissensentscheidung.
- Für die Christen einer Gemeinde gilt auf jeden Fall, den Mitmenschen mit seiner Entscheidung zu respektieren.

Fürbitten:

Unser Vater: Du hast uns als Frauen und Männer erschaffen nach deinem Bild. Die Ehe hast du uns geschenkt als Zeichen der Gemeinschaft, wie sie bei dir möglich ist. Zugleich sind wir unvollkommen, auch wenn du uns zu deiner Vollkommenheit berufst. Wir bitten dich für alle, die mit der Ehe ihre Sorge haben:

- Für die betroffenen Paare, die eine gescheiterte Ehe als Belastung aus der Vergangenheit mit sich schleppen: Ermutige sie zu einem Leben aus dem Glauben und laß sie Menschen finden, die ihnen angesichts der Schwierigkeiten zur Seite stehen.
- Für Ehepartner, die es in ihrer Ehe schwer haben, weil sie vielleicht nicht mehr recht zusammenfinden, aber nicht auseinandergehen, weil sie die Ehe nicht auflösen wollen: Schenke ihnen die Gnade, ihre Situation ohne Verbitterung anzunehmen und dazu zu stehen, ohne andere richten zu müssen, die dies nicht können.
- Für diejenigen im Volk Gottes, die ihre Sorge um die Wahrheit von der Unauflöslichkeit der Ehe zum Ausdruck bringen: Schenke ihnen zugleich Aufmerksamkeit für diese Gottesgabe und Barmherzigkeit für jene, die in Not sind.

Dein Sohn hat uns den Weg gezeigt, wie zugleich deine Wahrheit als Geschenk an uns geachtet und deine Barmherzigkeit vermehrt werden kann. Ihm wollen wir mit deiner Gnade folgen, der du lebst und herrschest in Ewigkeit. Amen.

Wer der Erste sein will, soll der Letzte von allen und der Diener aller sein

Lesejahr B, 25. Sonntag im Jahreskreis

Einleitung: In der Lesung spricht Gott zu uns durch den Apostel Jakobus: »Wo nämlich Eifersucht und Ehrgeiz herrschen, da gibt es Unordnung und böse Taten jeder Art.« Der Apostel will damit sagen, daß Eifersucht und Ehrgeiz vielfach die Wurzel für Unordnung und böse Taten sind. Dies gilt auch heute noch für unsere Gemeinden.

Auch im Evangelium ist von einem Streit die Rede. Die

Apostel streiten, wer von ihnen der Größte sei. Jesus rief die zwölf zu sich und sagte zu ihnen: »Wer der Erste sein will, soll der Letzte von allen und der Diener aller sein.« An diesem Beispiel versuchen wir unsere Haltung gegenüber Geschiedenen und Wiederverheirateten zu durchleuchten.

Bußakt

Herr Jesus Christus:

- Du richtest nicht nach äußeren Maßstäben, sondern du siehst in unser Herz.
  Herr, erbarme dich unser!
- Du zeigst uns in deiner Treue und Liebe den rechten Weg. Du hast aber auch Geduld mit unserer Schwäche.
  Christus, erbarme dich unser!
- Du willst nicht, daß sich einer über den anderen erhebt, sondern daß wir einander dienen.
  Herr, erbarme dich unser!

Predigt:

- Alle sprechen vor der Kommunion: Herr, ich bin nicht würdig ...
- Die Kirche muß einerseits das Ideal der unauflöslichen Ehe aufrechterhalten, andererseits muß es ihr eine Sorge sein, wenn sich wiederverheiratete Geschiedene von der Gemeinde zurückziehen. Zur Klärung im Einzelfall deshalb: Das pastorale Gespräch mit dem Seelsorger.
- Das Wort Jesu im heutigen Evangelium »Wer ein solches Kind in meinem Namen aufnimmt, der nimmt mich auf« zeigt, worauf es ankommt: auf die ehrfürchtige Haltung dem Schwachen gegenüber.
- In der Gemeinschaft der Gläubigen ist viel Toleranz gefordert. Beispiel: unruhige Kinder im Gottesdienst.

Zur Toleranz gehört immer: Vorsicht im Urteil über andere! Auch über Geschiedene. – Wir bezeichnen die Kirche als Mutter: Eine Mutter wird Fehler ihrer Kinder nicht verschweigen oder gutheißen, sie wird sie aber auch nicht einfach dadurch strafen, daß sie den Kontakt abbricht. Eine gute Mutter wird immer die Tür offenhalten.

Fürbitten:
Guter Gott und Vater! Du hast mit dem Volk Israel einen Bund geschlossen: Ich will euer Gott sein, ihr sollt mein Volk sein. Doch dieses Volk hat den Bund gebrochen, du aber hast es dennoch nicht verlassen. Wir bitten dich:

- Für alle, die trotz vieler Schwierigkeiten in der Ehe durchhalten: Gib ihnen Kraft und Mut und laß sie so Zeugnis geben von deiner Treue und Liebe zu den Menschen.
- Für alle, deren Ehe zerbrochen ist und die nun allein das Leben zu bewältigen suchen: Daß sie nicht aus Verbitterung ihr Leben wegwerfen oder aus enttäuschter Liebe nicht mehr an die Liebe der Menschen, vor allem aber an deine unendliche Liebe glauben können.
- Für jene Menschen, die sich nach ihrer gescheiterten Ehe ein zweites Mal an einen Menschen gebunden haben: Daß sie in ihrer Glaubensgemeinde nicht noch mehr verwundet werden, sondern in einer offenen Atmosphäre der Toleranz und Liebe aufgenommen werden.

Denn dein Sohn hat uns gezeigt, daß er nicht gekommen ist, zu verurteilen, sondern zu retten, was verloren ist. So bitten wir, durch Christus unseren Herrn. Amen.

Nur in dieser Welt heiraten die Menschen

Lesejahr C, 32. Sonntag im Jahreskreis

Einleitung: Die katholische Kirche verkündet eine hohe Eheauffassung. Sie versteht die Ehe als Sakrament, als einen »Vorgeschmack« des vollendeten Zustandes unseres Lebens.

Aber zugleich gilt: Die Ehe ist eine Einrichtung dieser Weltzeit. Sie ist nicht Lebensziel, sondern eine Lebensform. Sie unterliegt den Bedingungen alles Irdischen. Ehe kann gelingen, sie kann aber auch scheitern.

Nach dem Beispiel Jesu muß auch denen, die in einem Bereich ihres Lebens scheitern, die besondere Sorge der Kirche gelten.

Bußakt:

Obwohl wir uns grundsätzlich für Liebe und Treue entschieden haben, müssen wir bekennen, daß wir einander viel schuldig bleiben:

– Schuldig werden wir am anderen, wenn wir uns ein Bild von ihm machen, wenn wir ihn nach unserem Bild formen wollen, wenn wir ihn nicht da aufsuchen, wo er ist, sondern dort, wo wir ihn haben wollen.
  Herr, erbarme dich unser!
– Schuldig werden wir am anderen, wenn wir uns ihm verweigern, anstatt uns ihm anzubieten, wenn wir ihm lieber aus dem Weg gehen, anstatt uns ihm zu stellen, wenn wir ihm die Wahrheit vorenthalten, anstatt ihn damit zu konfrontieren.
  Christus, erbarme dich unser!
– Schuldig werden wir am anderen, wenn wir ihm Schuld anlasten, uns selbst aber entschuldigen, wenn wir nur bei ihm die Schuld suchen und nicht auch bei uns, wenn wir über ihn den Stab brechen, die eigenen Hände aber in Unschuld waschen.
  Herr, erbarme dich unser!

Predigt:

- Überall auf der Welt waren und sind Ehe und Familie durch Brauchtum und Gesetz geschätzt und geschützt. Nach katholischer Auffassung ist die Ehe sogar ein Sakrament, das heißt, sie ist geeignet, uns die Liebe Gottes spüren zu lassen.
- Die Ehe ist aber nicht schon der Sinn und das Ziel des Lebens, sie ist ein Weg und eine Lebensform. Auch auf anderen Wegen, zum Beispiel ehelos, kann der Mensch zu seinem Ziel gelangen.
- Ehe ist eine Einrichtung in einer Welt, die sich ständig ändert. So sehen Menschen zu verschiedenen Zeiten der Geschichte den Sinn der Ehe in der Zeugung von Nachkommen oder in der Sorge für Nahrung, Obdach und Kleidung oder in der Entfaltung der persönlichen Liebe.
  Die Veränderungen, die wir heute erleben, sind auf den Wert der beglückenden menschlichen Beziehung gerichtet, sind aber auch mit ein Grund, warum Ehen heute zerbrechlicher sind als früher. Von der Kirche sollen sich die Menschen aber immer gestützt fühlen.
- Ehen können gelingen, Ehen können aber auch scheitern.
- Die Kirche muß denen gegenüber, die gescheitert sind, ein Zweifaches im Auge haben. Einerseits den sakramentalen Ernst der Ehe, andererseits die respektvolle Barmherzigkeit, mit der Jesus den Menschen begegnet ist.

Fürbitten:

Lasset uns beten zu Gott, unserem Vater – zu Gott, der Liebe, Treue und Barmherzigkeit ist:

- Wir bitten für alle, die sich ihr Jawort zur Lebensgemeinschaft gegeben haben: Daß sie in Freude und Leid zusammenstehen und einander die Lasten des Lebens tragen helfen.

– Wir bitten für die Eheleute, die es schwer miteinander haben, die sich fremd geworden sind und die mit der Enttäuschung ringen: Daß sie nicht aufhören, einander zu suchen, daß sie Verständnis und Geduld füreinander aufbringen.
– Wir bitten für die Menschen, die in ihrer Ehe gescheitert sind: Daß sie nicht verbittern, daß sie die Kraft finden, in ihrem Leben neu zu beginnen.
– Wir bitten für uns selbst, für unsere Pfarrgemeinde. Daß es uns gelingt, eine Atmosphäre zu schaffen, in der sich auch Alleinstehende, Geschiedene und Wiederverheiratete dazugehörig fühlen können.

Herr, unser Gott. Es ist dein Werk, wenn es in dieser Welt Liebe und Treue gibt und wenn Menschen zueinanderfinden. Wir bitten dich, öffne unser Herz, daß wir fähig werden zum Leben und bereit zum Verzeihen. Amen.

Der Sakramentenempfang

Die häufig praktizierte Verkürzung des Problems auf die Frage »Dürfen wiederverheiratete Geschiedene zur Kommunion gehen oder nicht?« entspricht nicht der Bedeutung, die Betroffene für das heutige Leben der Kirche haben. In den bisherigen Ausführungen sollte schon klargeworden sein, wie sehr die Lebendigkeit christlicher Gemeinden herausgefordert ist, wenn es um die Begleitung von Menschen geht, die durch Krisen und Scheidung hindurchmüssen und die vielleicht trotz bitterer Erfahrungen den Mut gewinnen, noch einmal das volle Vertrauen in einen Menschen zu wagen. Eine Gemeinde ist nicht allein schon deshalb auf der Höhe der Zeit, weil eine glatte Lösung für das Problem des Sakramentenempfanges geboten wird, es geht vielmehr um das umfassende Hilfsangebot für Geschiedene. Eine Geschiedenenpastoral, die allein auf den Sakramentenempfang fixiert ist, bleibt mager. Wenn sie allerdings die Frage der Sakramente ausklammert, ist sie unvollständig.

In den einschlägigen Diskussionen ist meistens von der »Zulassung« zu den Sakramenten die Rede. Eine solche ist, wenn auf die Einheit mit der Gesamtkirche Wert gelegt wird, nicht möglich. Papst Johannes Paul II. hat in »Familiaris consortio« 1981 die verschiedenen Fragen, die diesbezüglich in den Jahren vorher gestellt wurden, mit nein beantwortet. Eine vorher »unter der Hand« praktizierte Ausnahmeregelung wurde von ihm allerdings offiziell anerkannt: Wiederverheiratete Geschiedene können die Sakramente empfangen, wenn sie auf die sexuelle Vereinigung verzichten.

In den meisten Kommentaren dazu wurde auf das reduzierte Eheverständnis verwiesen, das einer solchen Bestimmung zugrundeliegt. Unbeachtet blieb dagegen weithin die geänderte Situation, die mit der offiziellen Verlautbarung dieser Ausnahme eingetreten ist: Seit 1981 kann es wiederverheiratete Geschiedene geben, die in ihrer Gemeinde zur Kommunion gehen. Vorher wurde von ihnen verlangt – und es wurde von den meisten als demütigend empfunden –, daß sie nur dann am eucharistischen Mahl teilnehmen, wenn sie die Messe in einer fremden Gemeinde mitfeiern. Es ist also kein Priester mehr berechtigt, Partner, die wegen einer Scheidung in kirchenrechtlich ungültiger Ehe miteinander leben, beim Kommunionempfang zurückzuweisen. Es erübrigt sich eigentlich der Hinweis, daß ein Verhör über das Sexualleben in dieser Situation undenkbar erscheint. Ebenso ist es nicht vorstellbar, daß solche Partner beim Kommunionempfang den anderen Gottesdienstbesuchern rechts und links zuflüstern, wie sie es miteinander im intimen Bereich halten. Neugierige Christen müssen da schon ihren Wissensdurst bezähmen. Die Verlaut-

barung des Papstes hat zur Folge, daß von den katholischen Gottesdienstgemeinden beim Kommunionempfang von wiederverheirateten Geschiedenen Toleranz geübt wird.
Wenn es auch keine »Zulassung« geben kann, so taucht doch bei vielen Betroffenen die Frage auf, ob sie nicht trotzdem die Sakramente empfangen können. Sie sind oft aufgrund der Kenntnis ihrer individuellen Situation davon überzeugt, daß bei ihnen besondere Umstände vorliegen, die es geradezu verbieten, sie vom eucharistischen Mahl auszuschließen. Bestärkt fühlen sie sich manchmal vom neuen kirchlichen Gesetzbuch, das die Bedingungen für den Kommunionempfang so formuliert:

Can. 912: Jeder Getaufte, der rechtlich nicht daran gehindert ist, kann und muß zur hl. Kommunion zugelassen werden.
Can. 915: Zur hl. Kommunion dürfen nicht zugelassen werden Exkommunizierte und Interdizierte nach Verhängung oder Feststellung der Strafe sowie andere, die hartnäckig in einer offenkundigen schweren Sünde verharren.

Da die genannten Strafen für wiederverheiratete Geschiedene nicht zutreffen, bleibt nur die Überlegung bezüglich der schweren Sünde. Bei der Feststellung von Sünde sind nicht nur objektive, sondern auch subjektive Elemente entscheidend. Somit kann die Frage, wieweit ein Christ »in einer offenkundigen schweren Sünde« lebt, nicht einfach von außen beantwortet werden. Das heißt aber andererseits auch nicht, daß in diesem Bereich subjektiver Willkür Tür und Tor geöffnet sind.
Um hier mit der gebotenen Verantwortung vorzugehen, erscheint es am ehesten ratsam, wiederverheirateten Geschiedenen, die in der Frage des Sakramentenempfanges unsicher sind, das persönliche Gespräch mit dem

Seelsorger anzubieten. Dort kann jene Regelung erarbeitet werden, die sowohl dem Gewicht der objektiven Situation als auch der Seriosität subjektiver Faktoren entspricht.
Das Angebot individueller Gespräche – die Realität rechtfertigt die Mehrzahl – nimmt in einer umfassenden Geschiedenenpastoral eine Schlüsselstellung ein. Nur auf diese Weise fühlt sich der Betroffene wirklich ernstgenommen. Er ist ja davon überzeugt, von einem einzigartigen Schicksal getroffen zu sein. Jede Pauschalierung empfindet er als beleidigend. Im Einzelgespräch kann alles bedacht werden, was bei einer generellen Beurteilung wiederverheirateter Geschiedener als Gruppe zwangsläufig außer Betracht bleiben muß.
Das pastorale Gespräch ist auch im Hinblick auf die Gemeinde wichtig, weil nur so unangenehmer Ärger vermieden werden kann. Angenommen ein Mann würde aufgrund seiner Sicht der Dinge mit gutem Gewissen zur Kommunion gehen. Er übersieht dabei aber die Reaktion der Verwandtschaft seiner geschiedenen Frau, die ein solches Verhalten als Ungeheuerlichkeit einstufen würde; die anderen Leute wissen eben nicht alles, was er weiß. In der Auseinandersetzung mit dem Seelsorger kommt auch das zur Sprache, was der Betroffene leicht übersieht. Das ist der Weg zu einer verantwortlichen Entscheidung, die nicht nur aus der oft verengten Perspektive des einzelnen erwächst.
Dadurch, daß der Seelsorger dem Betroffenen viel Zeit widmet und sich in dieser Zeit intensiv engagiert, wird erlebbar, wie wichtig das Einzelschicksal für die Kirche ist. Dieses starke Erlebnis kann durch keine allgemeine Regelung, egal wie sie aussieht, ersetzt werden.
Daß im Angebot des persönlichen Gesprächs mehr liegt als nur die Klärung des Sakramentenempfanges, wird im folgenden Kapitel behandelt. Detaillierte Hinweise auf die Gewissensentscheidung im Hinblick auf die Sa-

kramente finden sich dann im 7. Kapitel. An dieser Stelle sollte es zunächst nur darum gehen, die grundsätzliche Bedeutung des Gesprächsangebots im Rahmen einer umfassenden Geschiedenenpastoral aufzuzeigen.

6. DAS ENGAGEMENT DES SEELSORGERS IM GESPRÄCH

Bei der Erörterung des Gesprächsangebots wird gelegentlich eingewendet, daß dies angesichts der schon gegebenen Arbeitsüberlastung der Seelsorger nicht durchführbar sei. Demgegenüber ist die heutige Situation realistisch zu bedenken: Es gibt zwar eine ständig wachsende Zahl von wiederverheirateten Geschiedenen, aber in dieser Gruppe von Katholiken ist es nicht anders als bei den übrigen; der größere Teil ist an einem intensiven Leben in der Kirche nicht interessiert. Deshalb wird man dem Seelsorger nicht die Tür einrennen. Andererseits ist an die verhältnismäßig kleine Zahl derer zu denken, die an einer ungeklärten Position in der Kirche leiden. Für diese lohnt es sich, alles einzusetzen, was hilfreich sein kann.

Vorbehaltlose Annahme

Jeder Seelsorger ist durch sein Amt verpflichtet, wiederverheirateten Geschiedenen Gelegenheit zum Gespräch über ihre Situation zu geben. Diese Selbstverständlichkeit muß deshalb eigens erwähnt werden, weil es Pfarrer gibt, die davon überzeugt sind, solche Gespräche ablehnen zu müssen, damit die Bittsteller fühlen, wie sehr sie im Unrecht verharren, und sie durch die Gesprächsverweigerung motiviert werden, sich zu bekehren. Erreicht wird in der Praxis allerdings etwas anderes: Verbitterung und wachsende Distanz zur Kirche.
Die Bereitschaft zum Gespräch führt allerdings nur dann zu einer tatsächlichen Hilfe, wenn mit ihr die entscheidende Grundhaltung verbunden ist: Den Ge-

sprächspartner ohne Vorbehalte anzunehmen, wie er ist, egal, welche Probleme in seinem Leben vorhanden sind. Dies sagt sich leicht, ist aber besonders für ältere Priester schwer zu realisieren. In der früheren theologischen Ausbildung hat das Kirchenrecht eine derart beherrschende Stellung eingenommen, daß der durchschnittliche Seelsorger darauf trainiert war, bei jeder pastoralen Begegnung zunächst – möglichst blitzartig – klar zu urteilen, welche Paragraphen (Canones) auf das gerade aktuelle Problem anzuwenden sind. Wem eine solche Prägung in Fleisch und Blut eingegangen ist, der tut sich schwer, einen Menschen in Not zunächst einmal ganz normal anzuhören.
Diese Feststellung mag übertrieben erscheinen. Das kommt wahrscheinlich daher, daß liebevolle Pfarrer, die den Menschen hingebungsvoll dienen, in sich die Fixierung auf das Kirchenrecht gar nicht mehr erkennen; so sehr ist es Teil ihrer selbst geworden. Außerdem versichern sie glaubwürdig, daß sie in den Jahren der Praxis gelernt hätten, mit den Normen beweglich umzugehen. Das alles soll nicht bezweifelt werden. Wenn sie ehrlich in ihrer Erinnerung kramen, können aber dieselben Priester Begegnungen entdecken, die für sie – völlig unerklärbar – äußerst unbefriedigend verlaufen sind. Trotz größten Entgegenkommens hat sich da jemand offensichtlich schlecht behandelt gefühlt.

Gemeinsam lernen

Solche Erinnerungen sind immer wieder aufgetaucht, als wir in einer Gruppe von Seelsorgern Gespräche für schwierige Situationen richtiggehend trainiert haben. Wir haben echte Probleme im Rollenspiel durchgearbeitet und dabei ein Tonband laufen lassen. Beim Abhören wurde uns an mancher Stelle ganz heiß; so deutlich wurde durch das unbestechliche Tonprotokoll, wie schlecht sich der Betroffene fühlen mußte. Es war nur gut, daß jeder drangekommen ist. Auf diese Weise fühlten wir uns alle im selben Boot, und die gegenseitige Kritik konnte offen angesprochen werden. Jeder hätte vorher darauf geschworen, daß er nicht moralisiert, dogmatisiert, belehrt usw., sondern daß er sich ganz auf den Ratsuchenden einstellt. Aber es gibt offensichtlich wirklich den Unterschied zwischen Theorie und Praxis, auch der Theorie, die man von sich selbst hat. Nur wer bereit ist, die Probe aufs Exempel zu machen, kann die Schwachstellen im eigenen Gesprächsverhalten erkennen und damit beginnen, sie zu überwinden. Der Mut, der zu einem solchen Training notwendig ist, muß als Vorleistung aufgebracht werden. Der zu erwartende Erfolg rechtfertigt allerdings den hohen Einsatz.

Die positiven Erfahrungen mit einem solchen Training stärken die Hoffnung, daß eine Umorientierung möglich ist. Damit *Selbsthilfegruppen von Seelsorgern* effektiv arbeiten können, hier einige praktische Hinweise:

- Ausgangspunkt ist die schriftliche Fixierung konkreter Problemfälle aus der eigenen Praxis.
- Für die Tonbandaufnahme der Rollenspiele eignen sich am besten Kleingruppen von drei Personen.
- Die Rollen sollen gewechselt werden: Ratsuchender, Seelsorger, Beobachter.
- Der Teilnehmer, der einen konkreten Fall anbietet, nennt die wichtigsten Fakten und das Problem, nicht jedoch den tatsächlichen Ausgang des Gesprächs.
- Nach Beendigung der Aufnahme sollen zuerst die beiden Rollenspieler sagen können, wie sie sich während des Gesprächs gefühlt haben; zuerst der Ratsuchende, dann der Seelsorger. Danach teilt der Beobachter den beiden mit, was ihm aufgefallen ist.
- Der wichtigste Lernprozeß ergibt sich beim Abhören der Aufnahmen. Dabei können zwei Aufnahmegrup-

pen, also etwa sechs Personen, zusammenarbeiten. Die Intensität der kritischen Überprüfung kann dadurch verstärkt werden, daß zu diesem Teil jemand eingeladen wird, der professionell Beratungsgespräche führt, am besten eine Person, die auch Erfahrung mit Arbeit in Gruppen hat. Jeder Teilnehmer hat die Möglichkeit, das Tonband zu stoppen, um eine bestimmte Passage zu besprechen. Dabei wird man selbstverständlich manche Stelle – eventuell sogar öfter – wiederholen.

- Zwischendurch sollten alle Teilnehmer der Trainingsgruppe Gelegenheit haben, ihre persönlichen Erkenntnisse aus der bisherigen Arbeit zu notieren. Danach sollen die eigenen Ergebnisse den anderen mitgeteilt werden. Natürlicherweise ergibt sich darüber ein Gespräch.
- Bei Fortsetzungstreffen empfiehlt es sich, bestimmte Schwerpunkte zu vereinbaren, zum Beispiel Einleitungsphase, Gesprächsabschluß, Umgang mit bestimmten Inhalten.

Das wichtigste Ergebnis solcher Übungsvorgänge kann am besten so beschrieben werden: Die Grundhaltung vorbehaltloser Annahme wird zur Basis jeder Begegnung, so daß sich ein vertrauensvolles Gespräch entwikkeln kann. Das nötige Wissen, das der Seelsorger als gelernter Theologe auch in das Gespräch einbringen muß, bekommt den ihm zustehenden Platz; es wird dort eingesetzt, wo es vom Ratsuchenden gebraucht wird.

Der Betroffene steht im Mittelpunkt

In der ersten Phase des pastoralen Gesprächs geht es auch darum, herauszufinden, welches Anliegen den Ratsuchenden bewegt. Dabei muß es der betreffenden Person am Anfang selber noch nicht so klar sein, daß auf

die entsprechende Frage die eindeutige Antwort gegeben werden kann. Vieles hat sich oft angesammelt, bis jemand die inneren Barrieren überwindet und das Gespräch mit dem Seelsorger sucht. Durch dieses Dickicht muß gemeinsam hindurchgefunden werden, bis der Gesprächspartner selber sagen kann, worum es ihm geht.
Manchmal gibt es nur das Anliegen, *die Vergangenheit zu verarbeiten.* Das heißt, der Besucher will nichts, außer über seine Situation reden. Dies wird häufig nicht als Anliegen empfunden, obwohl mit dem hier nötigen interessierten Zuhören (vgl. 3. Kapitel) dem konkreten Menschen ein großer Dienst erwiesen wird. Der Pfarrer mag sich in dieser Situation wie ein Mülleimer für seelischen Abfall vorkommen – aber wer bietet in unserer Gesellschaft schon diese Funktion an? Daß materieller Abfall entsorgt werden muß, ist in den letzten Jahren den meisten klargeworden. Wer aber denkt an all die Kränkungen, Demütigungen und Verletzungen, die mit einer Scheidungsgeschichte normalerweise verbunden sind?
Im Gespräch kann sich herausstellen, daß es um die *Unsicherheit in einer neuen Beziehung* geht. Natürlich werden auch Details aus der zerbrochenen Ehe genannt. Dazwischen fallen Bemerkungen über weit zurückliegende Erlebnisse aus der Kindheit, wobei Vater oder Mutter plötzlich mitten im Spiel sind. Vom Seelsorger ist in diesem Fall gefordert, die Grenzen seiner Kompetenz realistisch einzuschätzen. Für die Klärung von Beziehungsfragen, die ihre Wurzeln in der Kindheit haben, ist er nicht ausgebildet. Es gehört zur pastoralen Kunst, einer solchen Person den Weg zur Eheberatung zu ebnen, ohne dabei den Eindruck des Abschiebens zu erwecken. Gerade dieser schwierige Punkt dient manchem Priester als Ausrede: »Wenn diese Frau, die schon so viel mitgemacht hat, endlich zu einem Menschen Vertrauen findet, kann ich sie doch nicht woanders hinschicken.«

Dahinter kann aber tatsächlich der innere – vielleicht unbewußte – Vorbehalt gegenüber einem relativ neuen Beruf stehen, in dem Laien in eine Domäne des Priesters einbrechen; denn für das offene Gespräch über persönliche Probleme, bei dem man mit absoluter Verschwiegenheit rechnen kann, war bis vor kurzem allein der Priester, der ja auch Beichtvater ist, zuständig. Eigentlich sollten wir uns darüber freuen, daß die Kirche eine Vielzahl von qualifizierten Hilfen anzubieten hat, und jedem das Bestmögliche vermitteln.
Nicht selten führt die Schilderung einer zerbrochenen Ehe zur Frage, ob eine *Annullierung* möglich sei. Das mag auch damit zusammenhängen, daß Berichte in den Medien diese Möglichkeit ins Blickfeld rücken. Natürlich kann der Seelsorger als erster Ansprechpartner nicht den Experten des kirchlichen Ehegerichts ersetzen. Er ist aber in der Lage, dem Betroffenen das Gefühl zu geben, daß er mit seinem Problem für die Kirche wichtig ist und daß man auf jeden Fall alles miteinander überlegen wird, was hilfreich sein kann. Möglicherweise sind tatsächlich Aussichten für eine Nichtigerklärung der geschiedenen Ehe gegeben. Dann können die konkreten Schritte besprochen werden. Es kommt aber auch vor, daß zwar ein Tatbestand vorhanden ist, der die Nichtigkeit der ersten Ehe bewirkt hat, daß aber keine Aussicht besteht, vor dem kirchlichen Gericht den entsprechenden Beweis zu führen. Dann ist das Gespräch nicht nutzlos gewesen. Es konnte zumindest Einsicht in die Folgerichtigkeit der kirchlichen Eheauffassung gewonnen werden, und vielleicht wurde auch der Boden für eine spätere persönliche Gewissensentscheidung bereitet.
Unter den möglichen Anliegen, die in der ersten Phase des pastoralen Gesprächs herauszuarbeiten sind, befindet sich natürlich auch der Wunsch, am Leben der Kirche voll teilnehmen zu können, konkret also die Frage

des *Sakramentenempfanges.* Da bei diesem Problem besonders verantwortungsbewußt vorgegangen werden muß, sind die entsprechenden Hinweise für die Gesprächsführung im nächsten Kapitel eigens zusammengefaßt.

Ein Wunsch, den es früher kaum gegeben hat, wird in den letzten Jahren immer häufiger an die Seelsorger herangetragen: *kirchliche Begleitung der standesamtlichen Eheschließung.* Darin ist auch ein wachsendes Bewußtsein von einer Kirche zu sehen, die den Problemen des Lebens nicht ausweicht. Früher hat man gar nicht damit gerechnet, daß die katholische Kirche etwas anderes als das Ideal akzeptieren könnte. Heute kommen – trotz rückläufiger Kirchenbesucherzahlen – immer mehr Menschen im Bewußtsein ihrer Not zu bestimmten Seelsorgern, so wie die einfachen Leute damals zu Jesus gegangen sind, weil sie bei ihm Verständnis für alles Menschliche gespürt haben.

Bei diesem Anliegen sollte es keine Frage sein, *daß* eine kirchliche Begleitung von Christen bei einem so wichtigen Schritt in die Zukunft geschieht. Gemeinsam zu überlegen ist nur, *wie* diese Begleitung aussehen kann. Es soll in diesem Zusammenhang nicht verschwiegen werden, was manche Seelsorger bei der Konfrontation mit diesem Problem denken und gelegentlich auch – leise – aussprechen: Bleibt doch einfach so zusammen und macht mir keine Scherereien! Aus der Sicht der Betroffenen muß eine solche Einstellung als zynisch empfunden werden. Schließlich bedeutet die rechtliche Ordnung einer Partnerbeziehung einen wichtigen Schritt in die Richtung, die auch einer christlichen Sicht der Ehe entspricht.

Bei kirchlichem Handeln – egal zu welchem Anlaß – wird meistens eine Messe geplant. Der Ablauf dieses Gottesdienstes ist geregelt. Er läßt sich leicht durchführen und ist offen für die verschiedensten Anliegen, die organisch eingebaut werden können. Das führt dazu, daß ein solches Angebot auch im Zusammenhang mit der standesamtlichen Trauung gemacht wird. Die Hochzeitsgesellschaft begibt sich also vom Standesamt in die Kirche, wo eine Messe ohne Trauung zelebriert wird. Die Umstände bringen es jedoch mit sich, daß nicht wenige der Hochzeitsgäste – vielleicht sogar besonders ergriffen – von einer kirchlichen Hochzeit für Geschiedene sprechen. Natürlich muß man das ein Mißverständnis nennen, denn der zelebrierende Priester hat keine Trauung vollzogen. Alle Elemente der Feierlichkeit haben aber dennoch diesen Eindruck erweckt. Die Erfahrung, daß dieses Mißverständnis häufig vorkommt, sollte zu denken geben.

Natürlich ist es wünschenswert, daß die katholische Kirche einmal einen offiziellen Ritus für diesen Anlaß anbietet. Solange dies aber nicht der Fall ist, muß überlegt werden, welche Wirkung ein bestimmtes Handeln verursacht. Natürlich ist die Realität unangenehm: Zwei Menschen wollen kirchlich heiraten, können es aber nicht, weil eine geschiedene Ehe dem entgegensteht; die Kirche will aber ausdrücken, daß dieses Paar bei einem so wichtigen Schritt in der Gemeinschaft der Kirche fest verankert ist. Es ist nötig, die pastorale Phantasie kreativ wirken zu lassen, um Möglichkeiten zu entdecken, die der entscheidenden Prüfung standhalten: spürbare kirchliche Begleitung, aber keine Täuschung. Positiv bietet sich jede religiöse und gottesdienstliche Aktivität an, die in einer gewissen zeitlichen Distanz zum standesamtlichen Akt steht. Mißverständnisse werden auch dadurch vermieden, daß die »große Feier« mit Verwandten und Freunden im privaten Rahmen geschieht, der religiöse Teil – davon abgesetzt – aber eine betont schlichte Gestalt hat.

Wichtig ist ein so gründliches Gespräch mit dem Betroffenen, daß in gegenseitigem Einverständnis Einigkeit bezüglich der konkreten Schritte erzielt werden kann. Sollte sich herausstellen, daß ein Beharren auf unerfüllbaren Forderungen von Prestigegedanken getragen ist – zum Beispiel: »Wir zahlen, was gefordert wird; für Geld bekommt man schließlich alles« –, ist dem Seelsorger nur zu wünschen, daß er die notwendige Ablehnung mit so viel Wohlwollen und Werben um Verständnis ausdrücken kann, daß für die Zukunft nichts verbaut wird.

Hilfe zur eigenen Erkenntnis

So wie der Christ, der sich an den Seelsorger wendet, das Recht hat, mit seinem Anliegen ernst genommen zu werden, so gilt auch, daß er als eigenständige Persönlichkeit zu achten ist. Das heißt unter anderem, daß es in der ihn betreffenden Angelegenheit um seine persönliche Überzeugung geht. Weil es bei Problemen schwierig sein kann, einen sicheren Standpunkt zu finden, ist das Gespräch dazu da, die Elemente zu sammeln und kritisch zu werten, die schließlich eine ausgereifte Meinung ermöglichen. Für den Seelsorger, der dieses Prinzip befolgen will, entsteht eine ernsthafte Versuchung, wenn ihn der Gesprächspartner ausdrücklich um sein Urteil bittet. Und das ist nicht die Ausnahme, sondern fast die Regel. Das Eingehen auf diese Bitte würde einige Vorteile bringen: Das Gespräch ist schneller zu Ende; man fühlt sich geschmeichelt; das Lehrhafte im Formulieren des persönlichen Urteils entspricht einem Teil der Ausbildung, die ein Theologe genießt. Zu fragen ist allerdings, was der Ratsuchende davon hat. Wenn man sich nicht damit beruhigt, er habe es schließlich selber so gewollt, kann man entdecken, daß die mögliche Hilfestellung verfehlt wurde. Veränderungen in seinem Leben wird er nur aufgrund eigener Überzeugungen einleiten. Das Urteil einer anderen Person, und sei sie noch so kompetent, kann

höchstens ein Element auf dem Weg zur persönlichen Meinung sein.
Bleibt also nur der mühevolle Versuch, das Denken des Betroffenen in Gang zu halten und Fragen zurückzuspielen. Dies wird am ehesten gelingen, wenn drei Bedingungen erfüllt werden: genügend Zeit anbieten; keine Fragen stellen; die Ebene des Gesprächspartners suchen und dort bleiben.
Der Faktor *Zeit* spielt eine große Rolle für die innere Ruhe. Wenn der Seelsorger durch Herumkramen in Papieren, indem er auf die Uhr schaut oder durch andere Nervositäten Zeitmangel signalisiert, setzt er sein Gegenüber unter Druck, und die persönliche Überzeugung kann nicht reifen.
Fragen bewirken in einem Gespräch, daß der Befragte in die passive Rolle gedrängt wird, was automatisch bedeutet, daß der Frager der aktive Teil ist. Ihm kommt es damit auch zu, Erkenntnisse und Schlußfolgerungen zu formulieren.
Was mit der *Ebene des Gesprächspartners* gemeint ist, läßt sich wahrscheinlich am besten durch Beispiele erläutern. Als in diesem Kapitel davon die Rede war, daß der Betroffene das Ziel des Gesprächs bestimmt, wurde auch die Verarbeitung der Vergangenheit erwähnt. Dabei kann es geschehen, daß zum Beispiel eine Enttäuschung immer und immer wieder erwähnt wird. Vielleicht möchte der Seelsorger über diesen Punkt hinauskommen und »wesentlichere« Fragen ansprechen. Aber genau darin kann ein Irrtum liegen. Denn für diesen konkreten Menschen ist die Enttäuschung in einer großen Liebe das Wesentliche und letztlich auch ein zutiefst religiöses Problem. Dabeibleiben bietet die Möglichkeit, eigene und fremde Verantwortung zu unterscheiden, das Wirken Gottes im menschlichen Handeln zu erahnen usw., so daß schließlich ein überzeugter Standpunkt zu dieser bitteren Erfahrung gefunden werden kann.

Ein zweites Beispiel aus dem Bereich »Unsicherheit in einer neuen Beziehung«. Während der Seelsorger ideale Vorbedingungen für eine gute Partnerschaft sieht, zweifelt sein Gegenüber, ob er sich noch einmal so stark auf einen anderen Menschen einlassen soll. Für den Seelsorger gelten die Fakten, die Ebene des Betroffenen ist die noch nicht überwundene Verletzung, die aus der zerbrochenen Ehe geblieben ist. Diese Ebene finden, führt dazu, dem Mann, der jetzt sinnierend dasitzt, innerlich nahe sein zu können, so daß sich in ihm etwas weiterentwickeln kann.
Ein drittes Beispiel zum Thema Sakramentenempfang. Der Seelsorger erläutert vielleicht kirchliche Probleme, über die er auch sprechen muß, übersieht dabei aber, daß die Frau, die sich an ihn gewandt hat, in verschiedener Weise von Gott spricht, wie sie ihn sich heute vorstellt, wie man in ihrer Kindheit über ihn geredet hat, welche Bilder in ihr beim Beten aufsteigen usw. Auf dieser Ebene bleiben bietet die Möglichkeit, daß jemand in der persönlichen Beziehung zu Gott einen Schritt weiterkommt. Vielleicht bedeutet diese Stunde sogar den entscheidenden Schritt von der Angst zum Vertrauen.

Stützung beim nächsten Schritt

Von der eigenen Erkenntnis, von der jetzt vorwiegend die Rede war, geht es logisch weiter zu konkreten Schritten. Auch hier, wo Veränderungen anstehen, ist es wichtig, daß die notwendigen Entscheidungen in eigener Verantwortung getroffen werden. Wer hier den Seelsorger fragt »Was würden Sie tun?« und damit andeutet, dies könnte den persönlichen Entschluß ersetzen, muß liebevoll, aber entschieden zurückgewiesen werden. Eine Entscheidung kann nur treffen, wer dann auch mit den Folgen zu leben hat.

Das bedeutet natürlich nicht, den Ratsuchenden an diesem wichtigen Punkt alleinzulassen. Im Gegenteil. Die seelsorgliche Begleitung entspricht dann dem Betroffenen, wenn sie als wirksame Stützung empfunden wird. Dabei gilt es manchmal, unentschiedene Situationen längere Zeit auszuhalten, weil sie eben noch nicht reif sind. Der Seelsorger, der dabei auf drängende Ungeduld verzichtet, zeigt damit, daß er nicht sich selber zum Maß der Dinge macht, sondern Ehrfurcht vor dem konkreten Menschen auch dann bewahrt, wenn das unentschlossene Zaudern und Zagen seine Nerven strapaziert.

7. DIE PERSÖNLICHE GEWISSENSENTSCHEIDUNG FÜR ODER GEGEN DEN SAKRAMENTENEMPFANG

Vorausgesetzt wird bei den folgenden Ausführungen alles, was schon bisher über das pastorale Gespräch gesagt wurde. Insbesondere sei auf die Grundhaltung der vorbehaltlosen Annahme verwiesen, die darüber entscheiden kann, ob sich überhaupt eine intensive Auseinandersetzung ergibt. Charakteristisch für die Klärung hinsichtlich des Sakramentenempfanges ist die Notwendigkeit, daß der Seelsorger von sich aus bestimmte Themen zur Sprache bringt. Bis jetzt ging es immer darum, das Anliegen des Ratsuchenden möglichst gut zu erfassen und im Gesprächsverlauf auf seiner Ebene zu bleiben. Wenn festgestellt ist, daß der Wunsch besteht, zur Kommunion zu gehen, und eine diesbezügliche Klärung angestrebt wird, ist es zwar weiterhin notwendig, das Gespräch so zu führen, daß sich der Betroffene möglichst gut artikulieren kann; es müssen aber bestimmte Fragen aufgeworfen werden, und zwar vom Seelsorger, wenn der andere Teil von sich aus nicht darauf zu sprechen kommt.

Die besonderen Umstände

Zu Beginn empfiehlt sich eine sogenannte offene Frage, zum Beispiel: »Wie sehen Sie Ihre Situation?« Dadurch hat der konkrete Christ am ehesten die Möglichkeit, darzustellen, warum er davon überzeugt ist, daß für ihn der Kommunionempfang möglich sein müßte. Die offene

Fragestellung bewirkt aber auch, daß dazwischen die Gefühlslage klar wird. Das gibt dem Seelsorger die Gelegenheit, Mitgefühl zu zeigen. Damit ist eine wichtige Voraussetzung für den nächsten Schritt geschaffen.

Die Situation der Kirche

Der Betroffene ist meistens total in seiner Not eingesponnen. Deshalb braucht es Ruhe und Zeit, wenn das individuelle Schicksal im Gemeinschaftsleben der Kirche betrachtet werden soll. Es ist Aufgabe des Seelsorgers, Verständnis dafür zu wecken, daß die Scheidung einer Ehe ein ernstes Faktum ist, weil ja die Kirche das seinerzeitige Versprechen »bis der Tod uns scheidet« in feierlicher Weise vor Zeugen entgegengenommen hat. Einer neuen Verbindung steht nun dieses Wort, das ohne Bedingungen und Vorbehalte gesprochen wurde, entgegen. Es kann also nicht so getan werden, als wäre dies alles ohne Bedeutung. Wenn jemand nach Scheidung und Wiederverheiratung ohne weiteres zur Kommunion geht, könnte aber ein solcher Eindruck entstehen. Dann jedoch setzte sich die Kirche der Gefahr aus, daß ihre anspruchsvolle Auffassung von Ehe nicht mehr ernstgenommen würde. Die Zielvorstellung einer dauerhaften Partnerschaft in gegenseitiger Liebe und Verantwortung füreinander kann aber nicht relativiert werden. Dieser Gedankengang findet praktisch immer Verständnis. Wer für sich die Frage des Sakramentenempfanges klären will, lebt ja schon in einer Beziehung, für die er eine dauerhafte Zukunft erhofft. Es wird nicht die Ehe, nicht die kirchliche Lehre von der lebenslangen Gemeinschaft eines Mannes und einer Frau abgelehnt; dies wird im Gegenteil bejaht; es wird lediglich Verständnis dafür erwartet, daß der erste Anlauf trotz guten Willens nicht zum gewünschten Erfolg geführt hat.

Ob es angenehm ist oder nicht, im Verlauf des Gesprächs muß auch die gescheiterte Beziehung, die einer neuen Ehe im Wege steht, genauer betrachtet werden. Das erfordert viel Fingerspitzengefühl, weil dabei belastende Gefühle aufgerührt werden. Die biblischen Weisungen räumen aber der einmal geschlossenen Ehe einen so hohen Wert ein, daß in dieser Stunde die Frage wenigstens ausgesprochen werden muß, ob eine Rückkehr zu diesem ersten Partner möglich erscheint. Auch wenn alles klar ist, muß es doch einmal gesagt und begründet werden. Dabei gibt es objektive und subjektive Tatsachen, die je nach Gewicht zu würdigen sind.

Ebenfalls aufzuwerfen ist die Frage, ob die Erstehe kirchenrechtlich gültig zustande gekommen ist. Einiges dazu steht schon im 6. Kapitel. Ergänzend ist darauf hinzuweisen, daß es bei diesem Punkt interessant sein kann, auf der Linie des Kirchenrechts und seiner Grundsätze weiterzudenken. Möglicherweise werden dabei Tatsachen entdeckt, die zwar vor keinem Gericht zu einer Annullierung ausreichen würden, die aber für den Betroffenen zur Überzeugung führen können, daß er eigentlich sehr katholisch denkt, wenn er die geschiedene Ehe mit ernsten Fragezeichen versieht.

Besonders wichtig ist das vorherrschende Gefühl gegenüber dem geschiedenen Partner. Es liegt auf der Hand, daß ein so intimes Detail nicht einfach abgefragt werden kann. Aber es gibt in der Regel bei einem solchen Gespräch genügend Anknüpfungspunkte, um darüber nachzudenken. Dabei geht es ebenso wie bei den anderen Überlegungen nicht um Informationen für den Seelsorger, sondern darum, daß der Betroffene die Gesamtsituation möglichst gut erfassen kann. Schließlich muß er zur Klarheit finden, die Grundlage für eine wichtige Entscheidung. Da ist es eben auch von Belang, ob

Trauer oder Gleichgültigkeit oder Haß oder Rachsucht oder Enttäuschung dominiert.

Schuld und Verpflichtungen

Man sagt leichthin: »Natürlich habe ich auch eine gewisse Schuld.« Das heißt aber noch nicht, diese Schuld auch zu erkennen. Es klingt manchmal eher wie die Volksweisheit: Wenn es in einer Ehe Schwierigkeiten gibt, sind immer beide schuld. Die gewissenhafte Verarbeitung einer belastenden Vergangenheit verlangt aber von einem Christen, also einem Menschen, der sich in seinem Leben vor Gott verantwortlich fühlt, auch die eigenen Anteile an einer negativen Entwicklung konkret zu sehen und zu benennen, damit die innere Distanzierung davon, also die Reue, entstehen kann. Vielleicht ist es an dieser Stelle notwendig, gemeinsam über den liebenden Gott nachzudenken, der dem Schuldigen nichts nachträgt, der keine Vorwürfe macht, sondern »den verlorenen Sohn« einfach in die Arme nimmt und ihm einen Neuanfang ermöglicht. Wenn dabei zusätzlich der ungehaltene Bruder in der Gestalt konkreter Mitmenschen auftaucht, gehört das durchaus zum Thema.
Nüchterner kann über bestehende Verpflichtungen gesprochen werden. Dieser Bereich wird allgemein als entlastend empfunden, weil die einschlägigen Details leicht zu benennen sind und in der Regel auch die ehrliche Bereitschaft vorhanden ist, nicht nur den Buchstaben, sondern auch den Geist getroffener Vereinbarungen zu erfüllen. Unter Umständen stößt man bei diesem Stichwort aber auch auf noch ungelöste Probleme, was das Zusammenwirken mit dem geschiedenen Partner zum Wohle der gemeinsamen Kinder betrifft. Dieser Bereich ist sittlich bedeutsam, weil es um die Zukunft von jungen Menschen geht, die schon genug zu leiden hatten.

Wenn von diesem Gespräch eine Entscheidung ausgeht, die für die Kinder die Lebensumstände verbessert, ist das ein großer Erfolg. Manchmal ist der Zusammenhang geradezu greifbar, der zwischen einer Entspannung der persönlichen Situation durch das pastorale Gespräch und der Möglichkeit, in einem anderen Bereich großzügiger zu werden, besteht.

Die neue Beziehung

Wenn beide Partner den Seelsorger aufsuchen, ist zu überlegen, ob alles gemeinsam besprochen wird oder ob es daneben auch Einzelgespräche gibt. Das Gespräch zu dritt ist für einen gewissen Teil der Erörterungen angemessen, weil ja alle Probleme, die der Geschiedene hat, bei einer neuen Bindung auch den Partner treffen, selbst wenn dieser bis dahin ungebunden war. Einzelgespräche sind deshalb berechtigt, weil es zum Teil um sehr persönliche Details geht, die eigentlich in eine Beichte gehören. Auch bei einer sehr guten Beziehung sollte es nicht als selbstverständlich vorausgesetzt werden, daß in Gegenwart des Partners über alles offen geredet werden kann. Es gibt in jeder Beziehung sowohl einen gemeinsamen Intimbereich, der keinen Außenstehenden etwas angeht, als auch einen individuellen Intimbereich, der auch vom Partner zu respektieren ist. Diese Überlegungen hat der Seelsorger im Kopf, wenn er über die Ordnung der Gespräche verhandelt und eine entsprechende Vereinbarung trifft.
Bei der neuen Beziehung ist in erster Linie die innere Einstellung zur Bindung wichtig. Partner, die ihre Gemeinsamkeit auf das ganze Leben ausrichten, drücken damit eine Gesinnung aus, die von der Kirche bei christlichen Eheleuten vorausgesetzt wird.
Wenn Kinder vorhanden sind, spielt auch die Erziehung

eine Rolle. Religiöse Elemente im Familienleben deuten auf eine Haltung hin, die der Vorstellung einer christlichen Gemeinschaft entspricht. Die Betroffenen schätzen solche Details oft gar nicht so wichtig ein, besonders wenn für sie ein solcher Stil selbstverständlich ist. Um so notwendiger ist es für die zu treffende Entscheidung, alles auszusprechen.

Die Motivation

Die Sakramente sind Zeichen des Glaubens. Als Motivation für den Empfang kann deshalb nur ein Leben aus dem Glauben entsprechend sein. Das sollte im Gespräch klar werden.
Freilich ist dabei das gesellschaftliche Umfeld zu bedenken, der Stil kirchlichen Lebens in der betreffenden Pfarrgemeinde und vor allem auch die religiöse Erziehung, die jemand hinter sich hat. Je nachdem kann der Kommunionempfang eine Selbstverständlichkeit sein, ein Ausdruck von Prestige, eine Gewohnheit zu bestimmten Zeiten usw.
Das pastorale Gespräch, von dem hier die Rede ist, kann für einen gläubigen Christen auch insofern einen Wendepunkt im Leben darstellen, als ein neues Verständnis für die Sakramente eröffnet wird. Wann hat ein normaler Christ schon die Gelegenheit, über die intimen Fragen des Glaubens in einer ernsthaften Auseinandersetzung wichtige Einsichten zu gewinnen?

Der Blick auf die Gemeinde

Eigentlich sollte mit dem bis jetzt Gesagten das abgeschlossen sein, was der Seelsorger von sich aus ansprechen muß, wenn es vom Betroffenen nicht selber ins Gespräch gebracht wird. Solange allerdings die Einstellung zu den wiederverheirateten Geschiedenen von Gemeinde zu Gemeinde verschieden ist, muß auch darauf Rücksicht genommen werden. Wenn es in einer Kirche die Revolution bedeuten würde, sollten nur standesamtlich verheiratete Partner zur Kommunion gehen, sagen meistens die Betroffenen von sich aus, daß sie es sich zu Hause nicht vorstellen können. Sie sind in der Regel glücklich, in ihrem Gewissen Klarheit gefunden zu haben, und wollen im übrigen keine Unruhe verursachen.

Gewissensentscheidung

Letztlich wird aus der Begegnung, die hier erörtert wird, ein Glaubensgespräch. Ein Mensch, der durch seine ungeklärte Stellung in der Kirche in Not geraten ist, hat Hilfe gesucht. Sie ist ihm damit geschenkt worden, daß ein Gesprächspartner in der Kompetenz als Seelsorger mit ihm alles durchgesprochen hat, was zu bedenken ist. Jetzt steht der Betroffene vor einer Entscheidung, die ihm niemand abnehmen kann. Anfangs hat er dargelegt, warum er sich berechtigt glaubt, zur Kommunion zu gehen. Inzwischen mußte er in die verschiedenen Falten seines Lebens gründlich hineinschauen. Was ergibt sich daraus?

Er steht vor seinem Gott, der ihn durch und durch kennt, der auch um alles Verborgene weiß, das vielleicht niemand begreifen kann. Es geht um eine Entscheidung, zu der er auch dann stehen muß, wenn er das ganze Leben bei seinem Schöpfer abliefern darf. Er nimmt jetzt diesen Augenblick, der auch Gericht heißt, in seinem Bewußtsein vorweg.

Damit ist angedeutet, was Gewissensentscheidung in der katholischen Tradition bedeutet. Es ist gerade im erörterten Zusammenhang wichtig, auf die Ernsthaftigkeit des Prozesses, der zu einem solchen Ergebnis führt, hinzuweisen, weil das Wort Gewissen gelegentlich abwertend gebraucht wird; in dem Sinn, daß jeder tun kann, was er will; als Ausdruck oberflächlicher Beliebigkeit. Oft wird damit auch der Zweifel verbunden, ob durchschnittliche Christen überhaupt zu einer Gewissensentscheidung fähig seien. Dahinter steht der Anspruch einer Klasse von Wissenden, für die Unwissenden Entscheidungen zu treffen, denen ohne persönliches Nachdenken zu gehorchen ist.

Wäre es so, kämen pastorale Gespräche in der geschilderten Form nicht in Frage. Höchstens die »Wissenden« könnten für sich das Recht auf eine persönliche Gewissensentscheidung beanspruchen. Wer die Winkelzüge alter moraltheologischer Traktate studiert hat, kennt das entsprechende Instrumentarium. Die anderen, die gewöhnlichen Christen, müßten sich in der Stunde des Gerichtes damit verantworten, daß sie sich für eine wichtige Entscheidung weisungsgemäß das Gewissen eines anderen ausgeborgt haben. Ob Gott mit dieser Antwort zufrieden ist?

Es soll nicht geleugnet werden, daß bei manchem Zeitgenossen zunächst die entsprechende Sensibilität für schwierige Erkenntnisprozesse nicht im wünschenswerten Maß vorhanden ist. Das berechtigt aber nicht dazu, jemanden grundsätzlich abzuwerten. Die praktische Erfahrung zeigt, daß ein intensives Gespräch erstaunliche Entwicklungen in Gang setzen kann. Es entspricht der christlichen Auffassung von der Würde des Menschen, bei der Entfaltung verkümmerter Anlagen zu helfen. Das pastorale Gespräch hat oft genug auch eine solche Funktion.

In diesem Kapitel wird absichtlich nicht über die verschiedenen konkreten Elemente, die zu dieser oder jener Entscheidung führen können, gesprochen. Es könnte dadurch nämlich der Eindruck entstehen, es wären alle denkbaren Möglichkeiten aufgezählt und entsprechend gewichtet. Das würde aber der Vielfalt des Lebens widersprechen. Deshalb sind im Anhang einige Schicksale beschrieben, wie sie sich in der Praxis ergeben. Sie konkretisieren, was hier allgemein dargelegt wurde. Durch die Ausgliederung in den Anhang können sie aber nicht so leicht als Rezepte mißverstanden werden.

Die Rolle des Seelsorgers

Eigentlich ist schon gesagt, wie wichtig der Seelsorger als Gesprächspartner ist, obwohl er keine »Zulassung« aussprechen kann. Der Betroffene erlebt sich durch das Engagement, das er spürt, als wichtig. Zugleich erfährt er sich im Gespräch – er redet ja nicht mit einem X-beliebigen – von der Kirche gestützt. Wenn der Denkprozeß zu einem Abschluß gekommen ist – also zur Entscheidung für oder gegen den Sakramentenempfang –, kann der Seelsorger seinem Gesprächspartner die Gewissenhaftigkeit seines Vorgehens bestätigen. Schließlich durfte er im Laufe der Auseinandersetzungen manchen tiefen Blick in die Seele dieses Menschen tun.

Wie beichten?

Am Ende bleibt noch eine Frage übrig, die praktischer Natur ist. Wird sie übersehen, kann es allerdings in der Zukunft zu unliebsamen Verwicklungen kommen.
Im Zusammenhang mit der Aufarbeitung der vergangenen Probleme im pastoralen Gespräch wird es zu einer gründlichen Beichte kommen. Das ergibt sich in der Regel von selber. Dann aber taucht die Frage auf, wie der Betroffene in Zukunft mit dem Bußsakrament umgehen soll.

Hier ist nicht der Ort, die unterschiedliche Praxis katholischer Christen zu beschreiben. Es gibt viele legitime Möglichkeiten, von der häufigen regelmäßigen Beichte beim selben Priester zur Festigung des spirituellen Lebens bis zur seltenen Feier des Bußsakramentes, wenn die Versöhnung nach einem gravierenden Fehlverhalten besiegelt wird. Verpflichtend ist die Beichte nach der Ordnung der katholischen Kirche nur nach einer schweren Sünde.

Egal, wie der Betroffene es hält, im Gespräch muß auch noch erwähnt werden, daß es bei der Beichte um das Bekennen von Sünden geht. Weder die Tugenden sind gefragt noch irgendwelche Lebensumstände, die mit dem Bekenntnis nichts zu tun haben. Daraus ergibt sich, daß nicht jedesmal bei der Beichte die gesamte Situation aufgerollt werden soll. Was einmal geklärt und damit abgeschlossen ist, soll auch so bleiben. Wenn neue Überlegungen auftauchen, sind sie wiederum eigens zu bearbeiten. Dann aber muß wieder ein Seelsorger aufgesucht werden, mit dem ein ausführliches Gespräch möglich ist.

ANHANG

Konkrete Menschen – konkrete Entscheidungen

1.

Frau G. hätte nie gedacht, daß sie je wieder mit den anderen zusammen nach vorne zur Kommunion gehen könnte. Bei den Worten des Priesters »Selig, die zum Tisch des Herrn geladen sind«, hat sie manchmal geweint. Jetzt weint sie Tränen der Freude, weil sie die Klarheit gefunden hat: Der Herr lädt auch mich ein.

Ihre tragische Geschichte hatte vor über 20 Jahren begonnen, als von der Familie ein Mann für sie gesucht wurde. Sie war damals 24 und dafür bestimmt, den Familienbetrieb weiterzuführen. Zuerst wehrte sie sich gegen die Idee, mit einem Fremden verkuppelt zu werden – wie in früheren Zeiten –, aber schließlich siegte bei ihr die Einsicht, daß ihr allein vielleicht doch die ganze Verantwortung zuviel werden könnte. Als ihr dann der elegante und durchtrainierte Helmut vorgestellt wurde, sah sie eigentlich überhaupt keinen Grund mehr für einen Widerstand. Dieser Mann, etwa zehn Jahre älter als sie, wirkte wie ein Kavalier der alten Schule. Sie konnte sich ein gutes Zusammenleben und die gemeinsame Arbeit vorstellen. Man wurde sich bald einig.

Etwa eine Woche vor der geplanten Hochzeit erfuhr die Braut durch einen Zufall Details über das Vorleben ihres künftigen Mannes, die für sie wie ein Schock wirkten. Er hatte neben seinen früheren Freundinnen, von denen sie wußte, immer sexuelle Beziehungen zu zweifelhaften Frauen unterhalten. Offenbar ging es dabei um eine Gewohnheit, die er nicht ablegen konnte.

Frau G. erinnert sich noch genau, wie sie damals die Entdeckung ihrer Mutter anvertraute, wobei sie auch ihren Entschluß aussprach, die Hochzeit abzusagen. Die Reaktion der Mutter war außerordentlich heftig. Die Angst vor dem Skandal bewegte sie derart, daß sie ihrer Tochter mit Selbstmord drohte. So wurde wohl oder übel geheiratet.
Nachdem die Ehe geschieden war – die Leidensgeschichte dazwischen kann hier übergangen werden –, lebte Frau G. nur für ihre zwei Kinder und den Betrieb. Acht Jahre vergingen so. Da lernte sie einen Witwer näher kennen und erlebte zum erstenmal, was Liebe zwischen Mann und Frau sein kann. Trotz ihrer religiösen Einstellung heiratete sie Herrn G. standesamtlich. Sie litt aber immer unter dem Ausschluß von den Sakramenten.
Durch einen Zeitungsartikel kam sie auf die Idee, über ihr Dilemma mit einem Priester zu sprechen. Sie hatte Glück und fand einen Seelsorger, der ihr viel Zeit widmete. In den Gesprächen wurde ihr klar, daß ihre damalige Ehe nach den Normen des katholischen Kirchenrechts gar nicht gültig zustande gekommen war, weil sie nicht heiraten wollte und nur wegen der Selbstmorddrohung zur Hochzeit gegangen war. Allerdings lebte ihre Mutter, die einzige in Frage kommende Zeugin, nicht mehr. Nach Expertenauskunft hatte auch der andere, auf seiten des Mannes liegende Grund für eine mögliche Nichtigkeit der Ehe keine Aussicht, vom Gericht anerkannt zu werden.
Die Informationen über die Grundsätze der kirchlichen Ehelehre bewirkten für Frau G. eine innere Befreiung. Bis jetzt hatte sie gemeint, Trauung sei Trauung, egal wie es hinter der Fassade aussieht. Sie wußte sich nun vor Gott frei für die Bindung an ihren Mann, mit dem sie in glücklicher Ehe lebte. Daß die offizielle Nichtigerklärung ihrer ersten Ehe durch ein kirchliches Gericht un-

möglich erschien, war für sie zweitrangig. Sie war ja mit Gott ins reine gekommen.

2.

Helga F. und Franz P. sahen ein, daß sie mit falschen Vorstellungen zum Gespräch mit dem Pfarrer gekommen waren. Der Kommunionempfang anläßlich der Hochzeit war für sie kein Thema mehr.
Helga F. hatte von einer Freundin gehört, daß in der katholischen Kirche heute auch für Geschiedene alles anders sei. Was die Freundin dabei über die Kommunion sagte, löste in ihr überaus feierliche Vorstellungen aus. Sie erinnerte sich an ihre Erstkommunion, und damit tauchten in ihrer Phantasie Vorstellungen von einer Hochzeit in Weiß auf. Darum fühlte sie sich nämlich betrogen.
Ihr erster Mann stammte aus Jugoslawien. Sie hatte damals eingewilligt, in seiner Heimat zu heiraten. Die Familie bereitete alles vor. Als sie jedoch mit dem Pfarrer den Ablauf der Trauungsfeierlichkeiten besprechen wollten, stellte sich heraus, daß sie versäumt hatten, die nötigen Dokumente zu besorgen. Das nahm einige Tage in Anspruch. Die große Feier im Gasthaus konnte aber nicht mehr verschoben werden. So mußte sie sich damals in ihr Schicksal fügen: Die eigentliche Hochzeit für das Dorf fand im Gasthaus statt. Als dann die kirchliche Trauung möglich war, gab es außer einigen Personen aus der Familie keine Teilnehmer, und die Zeremonie wurde in sehr schlichter Weise durchgeführt.
Die Ehe wurde später geschieden. Was Helga F. aber als Gefühl eines wesentlichen Mangels immer begleitete, war die Sehnsucht nach einer Hochzeit in Weiß. Nun wollte sie Franz P. heiraten. Ursprünglich hatten beide nicht an eine kirchliche Eheschließung gedacht. Sie

konnten auch nicht sagen, wie dauerhaft ihre Beziehung sein sollte. Beide hatten in den letzten Jahren schon mit mehreren Partnern kürzer oder länger zusammengelebt. Es war immer auseinandergegangen. Jetzt fühlten sie sich verpflichtet zu heiraten, weil Helga F. schwanger war. Da gehörte es sich – das meinten sie beide übereinstimmend –, dem Kind einen anständigen Namen zu geben.
Im Gespräch mit dem Pfarrer hatten sie ein gutes Gefühl. Der Mann kannte das Leben und hatte viel Verständnis für ihre Probleme, auch für den Wunsch nach einer Hochzeit in Weiß. Aber wie er ihnen alles darlegte, wurde auch klar, daß für sie momentan Sakramente keine Bedeutung haben; sie waren beide zu weit davon weg. Aber vielleicht später einmal. Mit diesem Pfarrer ließ sich gut reden.

3.

Herr K. ist besonders wegen seiner Frau glücklich, daß er über den langen Irrweg der ersten Ehe in sein Denken endlich Klarheit bringen konnte. Gemeinsam blickten sie jetzt durch und entschließen sich, von nun an bei der Messe wieder zur Kommunion zu gehen. Er hätte auch so leben können, aber er wußte, wie seine Frau unter dem Ausschluß von den Sakramenten zu leiden hatte; und schließlich lag die Ursache für das Problem ja bei ihm.
Seine erste Frau war äußerst attraktiv und von vielen begehrt. Ihre etwas kühle Art erhöhte wahrscheinlich noch ihren Reiz. Er war damals glücklich, als er das Rennen machte und alle Konkurrenten ausstechen konnte. Was er noch nicht sah, war der Ehrgeiz seiner Frau, die sofort nach der Hochzeit in den Betrieb eingriff. Er war damit nicht einverstanden, mußte aber schließlich Schritt um

Schritt nachgeben, weil sie ihm sonst den Geschlechtsverkehr verweigerte. Das ging so weit, daß er sich sogar einen Vertrag über ihre Rechte in der Firma abringen ließ. Bevor der Text unterschrieben wurde, rüttelte ihn aber ein Freund auf. Ihm selbst war inzwischen auch die Kühle seiner Frau unheimlich geworden. Die intime Nähe, die er sich immer gewünscht hatte, war mit ihr nicht möglich. Unter großen materiellen Opfern ließ er durch seinen Rechtsanwalt eine Scheidung durchführen.

Aber das war noch nicht das Ende. Seine geschiedene Frau fand Umwege, die in seine Nähe führten, und spielte ihre Macht, die sie offensichtlich über ihn hatte, gekonnt aus. Schließlich heirateten sie wieder, und das Drama wiederholte sich. Er brauchte noch lange, bis ihm wirklich klar wurde, daß sie ihn nie geliebt hat, sondern nur an der Macht im Betrieb interessiert war. Im gesellschaftlichen Leben, das damit verbunden war, spielte sie ihre Rolle perfekt. Sie hatte nach wie vor eine geheimnisvolle Ausstrahlung. Er wurde von vielen Männern um diese Frau beneidet. Trotzdem schaffte er es diesmal endgültig, sich von ihr zu trennen.

Einige Jahre nach der Scheidung lernte er seine jetzige Frau kennen und machte die Erfahrung, was es heißt, als Person geliebt zu werden. Sie heirateten standesamtlich und haben jetzt drei Kinder.

Den Anstoß zum Gespräch mit einem Seelsorger gab seine Frau. Sie hatte in einer Predigt die Ermutigung dazu gehört. Sie gingen immer gemeinsam zu den Gesprächen, weil ihm seine Frau auch bei der endgültigen Bewältigung seiner Vergangenheit beistehen wollte; er war über dieses Angebot sehr glücklich. Bei der Analyse der geschiedenen Ehe entdeckte er, daß die katholische Rechtsauffassung für das gültige Zustandekommen einer Ehe eigentlich verlangt, daß eine bestimmte Person als dieser Mensch bejaht wird und die Heirat nicht hauptsächlich wegen einer bestimmten Eigenschaft (Betrieb!) angestrebt wird. Das war aber von seiten seiner ersten Frau sicher gegeben. Ein Vertreter des kirchlichen Gerichts meinte zwar, aufgrund der feststellbaren Fakten sei ein Annullierungsprozeß aussichtslos, aber das war ihm nicht mehr so wichtig. Er wußte jetzt, daß er damals betrogen worden war und daß Gott um diesen Betrug weiß. Vor Gott fühlte er sich jetzt berechtigt, mit seiner Frau eine Ehe zu führen, auch wenn die Kirche die Verbindung nicht anerkennen kann.

4.

Das Ehepaar M. ist zur Erkenntnis gekommen, daß jede Veränderung ihrer gegenwärtigen Lebenssituation ein Unrecht bedeuten würde und daß deshalb Gott von ihnen in erster Linie die Erfüllung der täglichen Pflichten erwartet. Damit sie ihren Aufgaben gerecht werden können, brauchen sie die spürbare Nähe Gottes, wie sie dies seit ihrer Kindheit durch den Empfang der heiligen Kommunion erfahren haben. Im Vertrauen auf Gottes Liebe sind sie davon überzeugt, daß er ihnen seine Nähe nicht verweigern will.
Herr M. hatte in der diözesanen Kirchenzeitung gelesen, daß Seelsorger eine eigene Weiterbildung absolvieren, um Gespräche mit wiederverheirateten Geschiedenen führen zu können. Seine Frau hielt ein solches Gespräch in ihrer Situation zwar für aussichtslos, stimmte aber zu, es einmal zu versuchen.
Sie stellte auch bei der ersten Begegnung dem Priester die aggressive Frage: »Können Sie uns sagen, was wir jetzt anders machen sollen?« Der Angeredete ging darauf ein, und das ganze Gespräch lief in diese Richtung.
Ihre Ehe war seinerzeit nach kurzer Dauer geschieden worden. Da keine Kinder da waren, gab es auch keine

Unterhaltsverpflichtungen. Von ihrem geschiedenen Mann wußte sie nichts mehr; er war nach der Scheidung ins Ausland gegangen.
Das Ehepaar M. ist seit 12 Jahren standesamtlich verheiratet. Zunächst hatten sie sich vom kirchlichen Leben etwas distanziert. Beide waren aber in religiösen Familien aufgewachsen und hatten ein schlechtes Gefühl, ohne den Segen der Kirche zusammenzuleben. Durch die Kinder hatten sie wieder den Zugang zu ihrer Pfarrgemeinde gefunden. Sie besuchten jetzt regelmäßig den Gottesdienst und bemühten sich um eine christliche Erziehung. Besonders schwer fiel es ihnen, bei der Erstkommunion der Kinder von der Kommuniongemeinschaft ausgeschlossen zu sein. Doch sie wußten um die glasklare Ordnung der katholischen Kirche und sahen keinen anderen Weg, als alles so hinzunehmen, wie es war.
Die Frage, was sie jetzt anders machen könnten, führte zu einem vertieften Nachdenken über Gott und seinen Willen für den einzelnen Menschen. Was kann er von ihnen beiden jetzt wollen? Daß sie zu ihrem geschiedenen Mann zurückgeht, weil zu ihm ein unauflösliches Eheband besteht? Unmöglich. Daß sie die Kinder nimmt und sich von ihrem Mann trennt, weil die Ehe kirchlich gesehen nicht gültig ist? Total unmöglich: ein Unrecht gegen die Kinder, ein Unrecht gegen ihn – und damit eigentlich auch ein Unrecht vor Gott. Was also tun? Eine Veränderung fällt beiden nicht ein. Ja, verändern kann man vieles im kleinen; mehr Geduld, Aufmerksamkeit, Rücksichtnahme, Engagement für die Nachbarn usw. Beide wissen aus ihren jungen Jahren, wie sehr die Kommunion eine Kraftquelle für den Alltag sein kann. So reift in ihnen die Erkenntnis: Wenn Gott von uns in erster Linie will, daß wir ihm durch die kleine Treue täglich dienen ...

5.

Das Ehepaar L. sieht nach ausführlichen Gesprächen keine Möglichkeit, in der eigenen Pfarrkirche zur Kommunion zu gehen. Sie entscheiden sich aber für den Empfang der Sakramente auswärts.
Die Scheidung von Herrn L. gilt heute noch in der Kleinstadt als Skandal. Dies war auch der Grund dafür, daß die beiden in die Hauptstadt gefahren sind, um ihre Situation anonym zu besprechen. Der Priester, mit dem sie telefonisch einen Termin vereinbart hatten, machte einen ruhigen Eindruck, so daß sie sich auch zeitlich nicht gedrängt fühlten.
Ausführlich schilderte Herr L. die erste Ehe. Seine Frau stammte aus einer prominenten, traditionell katholischen Familie und war ganz auf Familienleben eingestellt. Obwohl er gerne mit seiner Frau manches allein unternommen hätte, wußte sie in ihrer dominierenden Art immer große Unternehmungen im Rahmen ihrer Verwandtschaft zu organisieren. Hintereinander wollte sie ihre Kinder haben. Mit jedem blühte sie mehr auf. Sie war stolz darauf, dafür bewundert zu werden, wie man in der heutigen Zeit fünf Kinder haben kann. Herr L. konnte nicht genug verdienen. Im Familienleben hatte er nichts zu sagen. Sexuell wurde er von seiner Frau ausgehungert. Kaum wußte sie um ihre Schwangerschaft, war ihr Körper tabu. In der Verwandtschaft und im Bekanntenkreis galt er aufgrund ihrer Andeutungen als sexuell unersättlich und am Familienleben uninteressiert: »Kinder machen, mehr kann er nicht; die Arbeit hat seine Frau.« Als er sich mit schweren Asthmaanfällen in ärztliche Behandlung begeben mußte, wurde eine massive psychosomatische Störung festgestellt. Eine Trennung der Wohnsitze brachte deutliche Besserung. Es folgte schließlich die unvermeidliche Scheidung.

Seine jetzige Frau lernte er zwei Jahre später kennen. Sie war Religionslehrerin. Als die Beziehung der beiden bekannt wurde, entstand in der zahlreichen Verwandtschaft seiner geschiedenen Frau das Gerücht: Diese Frau habe den Vater von fünf Kindern aus der Familie herausgerissen. Dagegen war man machtlos. Seine Frau gab auch schon vor der standesamtlichen Eheschließung ihren Beruf auf. Die Hetze war unerträglich geworden. Jetzt lebt das Ehepaar L. bescheiden, aber glücklich. Bescheiden deshalb, weil seine finanziellen Verpflichtungen enorm sind. Das macht ihm aber nichts aus. Er hat seine Gesundheit wiedergefunden und kann frei atmen. Von seiner Frau fühlt er sich anerkannt, und er entdeckt durch ihre Hilfe erst jetzt, welche Begabungen in ihm stecken.
Auch nach dem Gespräch steht für Herrn L. die kirchenrechtliche Gültigkeit seiner ersten Ehe außer Frage. Die Scheidung war aber eine Notwendigkeit um seiner Gesundheit willen. Seine jetzige Frau empfindet Herr L. als ein Geschenk Gottes; durch sie kann er menschenwürdig leben. Sie bekommt feuchte Augen, als er dies vor dem Priester so ausspricht. Daß Gott ihm diese Frau geschickt hat, ist für ihn eine unumstößliche Tatsache, ein Teil seines Glaubens, so sicher wie eine Offenbarung.

6.

Frau N. empfindet jetzt noch, nach Monaten, bei jeder Messe ein besonderes Glücksgefühl, wenn sie mit den anderen Gläubigen zur Kommunion geht. Seit sie katholisch ist, hat sie ja darauf verzichten müssen.
Im Pfarrblatt hatte Frau N. von der Einladung an wiederverheiratete Geschiedene gelesen, ihre Situation mit einem Seelsorger zu besprechen. Zunächst hatte sie den Inhalt gar nicht auf sich bezogen. Schließlich war sie ja

mit ihrem Mann das erste und einzige Mal verheiratet. Aber dann entdeckte sie ihre Chance.
Der Pfarrer, der sie von der Sonntagsmesse her kannte, war tief bewegt, als er die Geschichte ihres Lebens erfuhr. Kurz zusammengefaßt kann man sagen: Sie war als Christ in allen Phasen ihres Lebens bemüht, den Willen Gottes zu erkennen und zu erfüllen. Daraus ergab sich die Konsequenz, daß sie als Katholikin von der Kommuniongemeinschaft ausgeschlossen war.
In jungen Jahren lernte sie ihren späteren Mann kennen. Sie war evangelisch, er katholisch. Außerdem hatte er eine zerbrochene Ehe hinter sich. Als es sich entscheiden mußte, ob die Beziehung enger werden soll, sprach sie darüber ausführlich mit ihrem Seelsorger. Der führte auch ein längeres Gespräch mit dem Mann, und schließlich ergab sich die Möglichkeit, in der evangelischen Kirche zu heiraten.
Nach Jahren entdeckte sie durch einen Kreis von Leuten an ihrem Arbeitsplatz die katholische Kirche als die Art von Gemeinschaft, die ihrem Glauben entsprach. Sie konvertierte. Bei diesem Übertritt, der für sie eine Konsequenz aus der gefundenen Überzeugung war, wurde ihr auch mitgeteilt, daß sie nach der Disziplin der katholischen Kirche nicht zur Kommunion gehen dürfe, weil sie in kirchenrechtlich ungültiger Ehe lebt. Theoretisch sah sie das ein. Gefühlsmäßig konnte sie diese Einschränkung nie akzeptieren. Für Frau N. bedeutete das Gespräch mit dem Pfarrer die Wende ihres Lebens zu einem ungeahnten Glück.

7.

Frau Z. weiß jetzt, warum sie nicht zur Kommunion gehen kann. Sie hat etwas vom Wesen dieses Sakramentes begriffen.

Als sie vom Seelsorger, den sie um ein Gespräch gebeten hatte, gefragt wurde, was ihr Anliegen sei, brach die Bitterkeit des ganzen Lebens aus ihr heraus. Immer hatte sie Pech gehabt, alles ist schiefgegangen, niemand hat Verständnis für sie.

Langsam kam eine gewisse Ordnung in ihre Schilderungen. Sie hatte ihren geschiedenen Mann damals gar nicht heiraten wollen, aber sie war halt schwanger gewesen. Schuld daran war die mangelnde Aufklärung; sie hatte nie richtig erfahren, wie das alles geht. In der Ehe war es dann nicht auszuhalten. Ihr Mann kannte nur sein Vergnügen und wollte weiterleben wie ein Junggeselle. Als das zweite Kind kam, nahm er sich eine Freundin. Das war ihr zuviel. Sie ließ sich scheiden. Jetzt ist sie unglücklich. Wenn die Kinder am Abend im Bett sind, meint sie, er müsse zur Tür hereinkommen. Aber sie weiß natürlich, daß so etwas nicht sein kann. Wenn er da wäre, würde sie ihn erwürgen; eine solche Wut hat sie auf ihn.

Es tut gut, daß Bitterkeit und Aggressionen ausgesprochen werden können. Frau Z. wird ruhiger, sie beginnt zu weinen.

Schließlich stellt sie noch die Frage, die sie eigentlich klären wollte: Darf sie als geschiedene Frau zur Kommunion gehen? Man hört so Verschiedenes. Der folgende Teil ist ein tiefes Glaubensgespräch. Frau Z. sagt nachher, daß sie noch nie in dieser Weise über Gott nachgedacht hat. Die Vorschriften der Kirche, nach denen sie am Kommunionempfang nicht gehindert ist, sind für sie nicht so interessant. Sie erahnt während des Gesprächs etwas von der Liebe, mit der Jesus allen Menschen begegnet ist, und bekommt eine vage Vorstellung, was das für ihr Leben bedeutet, besonders für ihre innere Einstellung den anderen Menschen gegenüber.

8.

Das Ehepaar B. geht feierlich zur ersten heiligen Kommunion seit vielen Jahren. Eine ganze Gemeinde freut sich darüber.
Seit Jahrzehnten waren die beiden aus dem Leben der Pfarrgemeinde nicht wegzudenken. Bei jedem Fest, bei allen Diensten, in jeder Notlage konnte man mit ihnen rechnen. Dabei war er in erster Linie der zuverlässige Arbeiter, sie wurde daneben auch gern angesprochen, wenn jemand etwas auf dem Herzen hatte. Sie konnte gut zuhören.
Jetzt wunderten sich alle, daß es niemandem aufgefallen war: Weder Herr noch Frau B. gingen je zur Kommunion. Im nachhinein fand man eine Erklärung dafür: Früher war es ja nicht üblich, öfter zu gehen. Und zu den heiligen Zeiten achtete man nicht auf jeden.
Zum Thema wurde das Problem in dem kleinen Ort, als Frau B. ersucht wurde, für den Pfarrgemeinderat zu kandidieren. Da erklärte sie dem Pfarrer, daß sie ihm keine Schwierigkeiten machen möchte. Sie dürfe wahrscheinlich gar nicht in ein solches Amt gewählt werden, wie sie ja auch nicht zu den Sakramenten gehen darf, weil ihr Mann schon einmal geschieden ist.
Bald war das Ehepaar B. Tagesgespräch. Eindeutig ergab sich das Votum der Gemeinde: Wenn die zwei nicht zur Kommunion gehen dürfen, verstehen wir gar nichts mehr. Es wurde als Skandal empfunden, daß man nicht schon früher daran gedacht hatte. Die Gemeinschaft der Gläubigen war überzeugt: Egal, was vor Jahrzehnten gewesen sein mag, wenn jemand voll in der Gnade Gottes steht, dann sind es die beiden. Mit dieser Entscheidung des Gottesvolkes war alles klar.

Weitere Bücher von Bernhard Liss

Probe-"Ehe"
Wirklichkeit und Möglichkeiten.
1990. 92 Seiten. DM 16,80 / S 131.–
ISBN 3-429-01276-7

In Beziehungen leben
1989. 48 Seiten, 21 Schwarzweißbilder. DM 13,80 / S 107.60
ISBN 3-429-01223-3

»Liss hat viele Bücher für Ehepaare geschrieben: sie sind hilfreiche Wegweiser. Diese kurzen, dichterischen Texte aber, jeweils durch ein Bild gestützt, sind Lichter, ausgestellt an den Kreuzungen, zu denen der Weg vieler Ehepaare führt. Lichter schreiben den Weg nicht vor; sie lassen ihn erkennen. Und der Weg ist mühsam: ›Nur der Anfang ist Geschenk‹ (S. 20). Das Büchlein ist eine verläßliche Lampe für Paare aller Altersstufen, und für alle, die sich auf ihrem Weg begleiten wollen.« *Wilhelm Zauner, in: Theol.-prakt. Quartalschrift*

Wege der Familienpastoral
Anregungen und Hilfen. 1987.
128 Seiten. DM 18,– / S 140.40
ISBN 3-429-01116-7

Glaube – Hoffnung – Ehe
Wie Christen gemeinsames Leben gestalten können. 3. Auflage 1990.
112 Seiten. DM 14,80 / S 115.40
ISBN 3-429-00856-5

Ehe-Inventur
Eine Bilanz nach 20, 30 Jahren.
3. Auflage 1987.
124 Seiten. DM 18,– / S 140.40
ISBN 3-429-00956-1

»Wie ein roter Faden zieht sich durch alle Kapitel die Aufforderung zum offenen Gespräch und zur redlichen Verständigung . . . , aber auch zur unmißverständlichen Abgrenzung.« *Peter Neysters, in: Theol. Literaturdienst*

echter würzburg